DOUTRINA SOCIAL
ECONOMIA, TRABALHO E POLÍTICA

TEOLOGIA DO PAPA FRANCISCO

DOUTRINA SOCIAL

ECONOMIA, TRABALHO E POLÍTICA

ÉLIO ESTANISLAU GASDA

Paulinas

Dados Internacionais de Catalogação na Publicação (CIP)
(Câmara Brasileira do Livro, SP, Brasil)

Gasda, Élio Estanislau
Doutrina social : economia, trabalho e política / Élio Gasda. – São Paulo :
Paulinas, 2018. – (Coleção teologia do Papa Francisco)

Bibliografia.
ISBN 978-85-356-4479-1

1. Economia 2. Francisco, Papa, 1936- 3. Igreja Católica - Doutrina social 4. Igreja e problemas sociais 5. Igreja e trabalho 6. Política 7. Teologia social I. Título. II. Série.

18-21752 CDD-261

Índice para catálogo sistemático:
1. Doutrina social da Igreja 261
Maria Paula C. Riyuzo - Bibliotecária - CRB-8/7639

1ª edição – 2018

Direção-geral:	Flávia Reginatto
Conselho editorial:	Dr. Antonio Francisco Lelo
	Dr. João Décio Passos
	Ma. Maria Goretti de Oliveira
	Dr. Matthias Grenzer
	Dra. Vera Ivanise Bombonatto
Editores responsáveis:	Vera Ivanise Bombonatto
	João Décio Passos
Copidesque:	Ana Cecilia Mari
Coordenação de revisão:	Marina Mendonça
Revisão:	Sandra Sinzato
Gerente de produção:	Felício Calegaro Neto
Diagramação:	Jéssica Diniz Souza

Nenhuma parte desta obra poderá ser reproduzida ou transmitida por qualquer forma e/ou quaisquer meios (eletrônico ou mecânico, incluindo fotocópia e gravação) ou arquivada em qualquer sistema ou banco de dados sem permissão escrita da Editora. Direitos reservados.

Paulinas
Rua Dona Inácia Uchoa, 62
04110-020 – São Paulo – SP (Brasil)
Tel.: (11) 2125-3500
http://www.paulinas.com.br – editora@paulinas.com.br
Telemarketing e SAC: 0800-7010081

© Pia Sociedade Filhas de São Paulo – São Paulo, 2018

TEOLOGIA DO PAPA FRANCISCO

A presente coleção Teologia do Papa Francisco resgata e sistematiza os grandes temas teológicos dos ensinamentos do papa reformador. Os pequenos volumes que compõem mais um conjunto da Biblioteca Francisco retomam os grandes temas da tradição teológica presentes no fundo e na superfície desses ensinamentos tão antigos quanto novos, oferecidos pelo Bispo de Roma. São sistematizações sucintas e didáticas; gotas recolhidas do manancial franciscano que revitalizam a Igreja e a sociedade por brotarem do coração do Evangelho.

CONHEÇA OS TÍTULOS DA COLEÇÃO:

ESPÍRITO SANTO
Victor Codina

IGREJA DOS POBRES
Francisco de Aquino Júnior

IGREJA SINODAL
Mario de França Miranda

ORGANIZAÇÕES POPULARES
Francisco de Aquino Júnior

MÉTODO TEOLÓGICO
João Décio Passos

IGREJA EM DIÁLOGO
Elias Wolff

HOMILIA
Antônio Sagrado Bogaz
João Henrique Hansen

DOUTRINA SOCIAL
Élio Estanislau Gasda

INTRODUÇÃO

Um dos frutos mais fecundos do pontificado de Francisco é a centralidade das questões sociais, políticas e econômicas. Sua doutrina social atinge nossas consciências, questiona nossas rotinas e exige uma mudança de atitudes e estilos de vida e, principalmente, provoca a superar a atual fase do capitalismo neoliberal financeirizado.

Com simplicidade, jovialidade, coerência e coragem, Francisco recolocou a Igreja na cena sociopolítica internacional. Ao desmascarar as causas da pobreza e dessacralizar as estruturas injustas, o bispo de Roma tornou-se uma referência a todos que resistem à tentação da idolatria do dinheiro imposta pela ditadura dos mercados. Logo na primeira Exortação Evangélica, a *Evangelii Gaudium* (EG, adiante), Francisco deu o tom de seu pontificado ao dizer "não a uma economia da exclusão e da desigualdade social".

Seu pontificado não deixa ninguém indiferente. Amado por uns, combatido por outros. Suas opções pastorais estão notavelmente vinculadas à *Teologia do povo*, braço argentino da *Teologia da Libertação latino-americana*. Para simbolizar a reabilitação desta teologia incompreendida por João Paulo II e o cardeal Ratzinger, o Papa Francisco recebeu em audiência a Gustavo Gutierrez e canonizou Dom Oscar Romero, bispo mártir de El Salvador.

Sua sensibilidade social salta aos olhos, tanto em suas palavras como em seus gestos. Francisco se escandaliza diante do tráfico de pessoas e do drama dos refugiados, denuncia a crise das democracias e as mudanças climáticas. O capitalismo deixado à sua própria sorte é um sistema que se move somente em função dos seus objetivos: o amor ao dinheiro. Não há futuro nessa "ditadura sutil", denuncia. Todo sistema centrado em si mesmo converte o *dinheiro em "esterco do diabo"*. Entre seus principais adversários estão os neoliberais.

A questão social recebeu um novo acento: grito dos pobres e o grito da terra constituem um único apelo de Deus. Não há cuidado da criação sem justiça social. A crise que assola os pobres é fruto de um sistema sociopolítico que despreza o ser humano. A degradação do meio ambiente impacta sobre os mais pobres. Francisco dedica grande atenção às causas que produzem essa agressão simultânea sobre a vida. Entre todas as questões se destaca a íntima relação entre os pobres e a fragilidade do planeta (*Laudato si'*, 16 – LS, adiante). O ambiente humano e o ambiente natural se degradam juntos (LS, 48), de tal forma que ambos devem ser abordados conjuntamente (LS, 141). Não há duas crises separadas, uma ambiental e outra social, mas uma única e complexa crise socioambiental (LS, 139).

Francisco introduz o pensamento sistêmico na Doutrina Social da Igreja (DSI, em adiante), segundo o qual todos os fatores sociais estão relacionados em torno da categoria *casa comum*. Seu ensinamento é integral, articulando a dimensões social e ambiental, econômica e política, histórica e cultural, teológica e ética.

Este novo capítulo da DSI está em continuidade com seus antecessores. Ao reorientar toda a Igreja a olhar o mundo a partir dos pobres e descartados, Francisco não diz nada de novo; reitera a ética social de vinte séculos da história do Cristianismo. A DSI sempre insistiu na urgência do acesso universal aos bens da terra, no direito à habitação e ao trabalho digno. São os três "T": terra, teto, trabalho. "Estar com os pobres é Evangelho, não comunismo" (Papa Francisco).

CHAVES DE LEITURA

1. Continuidade

Na longa trajetória da Doutrina Social da Igreja nenhum documento surgiu do nada. Todos foram publicados em um contexto histórico particular, motivados de intencionalidade ético-teológica e fundamentados na Escritura, na Tradição e articulados ao magistério.

A Doutrina Social da Igreja, como ensinamento dos pontífices, nasce no século XIX, com a Encíclica *Rerum Novarum* (RN, adiante), publicada pelo Papa Leão XIII no dia 5 de maio de 1891. Uma encíclica é um documento oficial dirigido a todo o povo de Deus e à família humana. Inspirada na tradição dos apóstolos, seu ponto de partida é a fé, seu fundamento é bíblico e seu conteúdo aborda as grandes questões sociais. A DSI é

> um corpo doutrinal atualizado, que se articula à medida que a Igreja, dispondo da plenitude da Palavra de Deus revelada por Cristo Jesus e com assistência do Espírito Santo (Jo 14,16.26; 16,13-15), vai lendo os acontecimentos, enquanto eles se desenrolam no decurso da história (*Sollicitudo Reis Socialis*,1. SRS em adiante).

O Evangelho é a sua fonte primeira. "A DSI exprime a missão profética que têm os pontífices de guiar apostolicamente a Igreja de Cristo e discernir as novas exigências da evangelização" (*Caritas in veritate*, 12. CV, em adiante). É um grande esforço de compreensão e de interpretação dos sinais dos tempos à luz do Evangelho (GS, 4; 11). Sua abordagem transita por diversas questões: trabalho, família, educação, política, economia, direitos humanos, paz, justiça social, ecologia etc.

Francisco não é uma exceção a esta história. Seu pontificado dá continuidade e aprofundamento à Doutrina Social da Igreja. Isso está demonstrado na EG, na LS e em inúmeros pronunciamentos, mensagens e exortações.

Francisco deu um novo impulso à DSI. Seu ensino não é apenas textual, mas também gestual. Ele renunciou a atributos de vestimentas e hábitos honoríficos e foi viver em um quarto e sala de 70 m², em vez dos luxuosos apartamentos pontificais. Criado no subúrbio de uma metrópole latino-americana, construiu sua compreensão dos espaços: fronteiras existências, famílias sem casa, sem trabalho, gente descartada. Seu pontificado tem lado: o da opção preferencial pelos pobres. Seu vínculo com os pobres é inquestionável. "Os pobres são a carne de Cristo"! Suas atitudes ajudam a Doutrina Social da Igreja a ser mais compreensível aos católicos e mais acolhida por parte dos não católicos. Sensibilidade, clareza e testemunho de vida.

2. Lugar privilegiado dos pobres (EG, 198)

A característica mais determinante da DSI de Francisco é sua insistência na centralidade dos pobres: "Não deve haver nenhuma dúvida nem cabem explicações que debilitem esta opção, pois o vínculo entre nossa fé e os pobres é inseparável" (EG, 48). O papa aprofunda a "opção preferencial pelos pobres" a partir da perspectiva do amor de Jesus pelos últimos, pelos pequeninos e indefesos. É algo que não se reduz a políticas de inclusão social. Mas é assumido como uma perspectiva para toda a sociedade. O pontífice encaixa de maneira explícita toda a reflexão da DSI sobre bem comum, justiça social e solidariedade na perspectiva dos pobres.

É para eles que existe a política e a economia. Nos pobres é preciso ver a presença de Jesus. Francisco alerta que o procedimento com base no qual seremos julgados está na parábola do juízo final (Mt 25,31-46). A miséria do povo e a exclusão social são os principais motivos que o fazem falar de economia e política. Ele participa do debate pela via do sofrimento, da fome, do desemprego, da falta de moradia.

Esse pontífice conhece de perto os desastres da idolatria do dinheiro incentivada pelo capitalismo. Como jesuíta, sua espiritualidade inaciana lhe ensinou que somente a austeridade e o encontro com os pobres reais podem afastar da idolatria. "Se sairmos de nós próprios encontraremos os pobres. Não podemos ser cristãos que falam de assuntos espirituais enquanto tomamos chá sossegadinhos. Não! Temos de ser cristãos corajosos e ir ao encontro daqueles que são a carne de Cristo". Esse amor incondicional aos pobres aparece desde o primeiro instante de seu pontificado, quando escolheu o nome de Francisco. Dom Cláudio Hummes lembrou-lhe: "não te esqueças dos pobres".

Os pobres estão na origem do conceito de ecologia integral. Francisco explicita detalhadamente a relação entre os pobres e a vulnerabilidade da criação: a análise dos problemas ambientais é inseparável da análise dos contextos humanos (LS, 141). A relação entre a escuta do clamor dos pobres e a do clamor da terra dá à LS sua especificidade, preparada antes por EG:

> Não podemos deixar de reconhecer – destacando o primeiro capítulo de *Laudato si'* – que uma verdadeira abordagem ecológica sempre se torna uma abordagem social, que deve integrar a justiça nos debates sobre o meio ambiente, para ouvir tanto o clamor da terra como o clamor dos pobres (LS, 49).

Voltando ao Evangelho, Francisco faz um apelo a "cuidar da fragilidade" (EG, 209-216) dos pobres e da terra. São Francisco de Assis inspira seu discurso: "Pequenos, mas fortes no amor de Deus, como São Francisco de Assis, todos nós, cristãos, somos chamados" – são os termos com os quais o papa resume seu percurso – "a cuidar da fragilidade do povo e do mundo em que vivemos" (EG, 216). A crise de civilização exige tanto cuidar dos pobres quanto da criação. Não há ecologia integral sem cuidar dos pobres. Papa Francisco: "Quem tem os meios para levar uma vida decente, em vez de estar preocupado com os privilégios, deve procurar ajudar os mais pobres a terem acesso a condições de vida respeitosas da dignidade humana".[1]

É uma verdade fundamental do Cristianismo. A DSI tem seu coração no Deus revelado em Jesus, o Deus do amor fraterno, da vida e da justiça com os pobres da terra. Deus é encarnado em Jesus pobre-crucificado para o Reino de Deus e sua justiça, em fraternidade em solidariedade com os pobres, para nos salvar e nos libertar de todo mal, pecado, morte e injustiça. Deus, em Jesus, vem para nos libertar do pecado do egoísmo e dos seus ídolos da riqueza.

Os pobres habitam o coração da Igreja, marcam sua presença no mundo e sua missão evangelizadora: "Igreja pobre para pobres". Isso é algo rotineiro em seu ministério pastoral, em seus gestos e discursos. Essa centralidade dos

---

[1] Mensagem ao Presidente do Fórum Econômico Mundial de Davos, Suíça (23-26/01/2016). <https://w2.vatican.va/content/francesco/pt/messages/pont-messages/2018/documents/papa-francesco_20180112_messaggio-davos2018.html> Acesso em: 19/08/2018.

pobres não é algo absolutamente novo. A preocupação com os pobres sempre foi um aspecto importante da vida eclesial. A DSI tem seu coração no Deus revelado em Jesus, o Deus do amor fraterno, da vida e da justiça com os pobres da terra.

3. Dimensão profética

O Papa Francisco tem sido um crítico mais implacável do capitalismo neoliberal. "Quem governa então? O dinheiro. Como governa? Com o chicote do medo, da desigualdade, da violência econômica, social, cultural e militar que gera sempre mais violência em uma espiral descendente que parece não acabar nunca. Quanta dor, quanto medo!".[2] Francisco define essa economia como ditadura sutil e insuportável: não o suportam os camponeses, não o suportam os trabalhadores, não o suportam as comunidades, não o suportam os povos.[3]

---

[2] III Encontro Mundial dos Movimentos Populares, Vaticano, 05/11/2016. <http://w2.vatican.va/content/francesco/pt/speeches/2016/november/documents/papa-francesco_20161105_movimenti-popolari.html>. Acesso em: 15/08/2018. Em continuação: III Encontro.

[3] II Encontro Mundial dos Movimentos Populares, Bolívia, 09/07/2015. <http://w2.vatican.va/content/francesco/pt/speeches/2015/july/documents/papa-francesco_20150709_bolivia-movimenti-popolari.html>. Acesso em: 15/08/2018. Em continuação: II Encontro.

Quantas palavras se tornaram molestas para este sistema! Molesta que se fale de ética, molesta que se fale de solidariedade mundial, molesta que se fale de distribuição dos bens, molesta que se fale de defender os postos de trabalho, molesta que se fale da dignidade dos fracos, molesta que se fale de um Deus que exige um compromisso em prol da justiça (EG, 203).

A teologia social de Francisco deslegitima moralmente o sistema em seu coração corrompido. Questiona e nega os elementos estrutural-constitutivos perversos do capitalismo teórico, prático e real.[4] O sistema hegemônico (EG 54; 56; 59; 203) se caracteriza como uma "economia da exclusão", um "mercado regido por uma "autonomia absoluta" (EG 202), cujos interesses são "regra absoluta" (EG 56), um mercado divinizado (EG 56). Esta última expressão revela um traço tipicamente profético: o recurso direto e sem mediações hermenêuticas à Palavra de Deus, especialmente visível no uso do conceito de idolatria ("mecanismos sacralizados" (EG, 54), "idolatria do dinheiro" (EG, 55; 57), "rejeição de Deus" (EG, 57). Também é profético recorrer a julgamentos lapidares, dos quais o mais notável é, sem dúvida, a afirmação de que "o sistema social e econômico é injusto em sua raiz" (EG, 59).

---

[4] GASDA, Élio. Essa economia mata (EG, 53). Crítica teológica do capitalismo inviável: Perspectiva Teológica, v. 49, n. 3, p. 573-578, 2017.

Esse sistema fez do dinheiro um ídolo que exige sacrifícios de inocentes. "O capitalismo desregulado é como Herodes que semeou a morte de inocentes para defender seu próprio bem-estar." Trilhões de dólares são desperdiçados no complexo industrial-militar e no socorro ao sistema financeiro, enquanto milhões de seres humanos são abandonados nos infernos da fome, do analfabetismo, da guerra, do desemprego. Francisco denuncia a opressão sobre os pobres e a espoliação do trabalhador como dois pecados que clamam a Deus. "Não podeis servir a Deus e ao dinheiro" (Mt 6,24).

O capitalismo é incapaz de distribuir a riqueza produzida a todos os membros da sociedade. É um sistema que explora, marginaliza e exclui. Francisco questiona e deslegitima moralmente o capitalismo, nega seus elementos constitutivos e estruturais perversos, como também sua antropologia burguesa do individualismo egoísta e insolidário, sem nenhuma preocupação com o bem comum: "Se cada ação tem consequências, um mal embrenhado nas estruturas de uma sociedade sempre contém um potencial de dissolução e de morte. É o mal cristalizado nas estruturas sociais injustas, a partir do qual não podemos esperar um futuro melhor" (EG, 59).

4. Pensamento social articulado

Os temas principais da DSI já estão presentes no documento programático de Francisco, a Exortação *Evangelii gaudium*. Sem ser um documento social, não somente contém numerosas afirmações sobre temas sociais, mas enuncia princípios orientadores para a busca da paz e da justiça social. No capítulo IV, dedicado à dimensão social da evangelização, analisa as repercussões sociais do anúncio do Evangelho, há uma seção denominada "O bem comum e a paz social". Nesse capítulo o pontífice estabelece novas perspectivas a partir das quais repensar as relações sociais.

Em EG a dimensão social não é acrescentada ao Evangelho, mas tem com ele uma relação interna e intrínseca:

> Ao lermos as Escrituras, fica bem claro que a proposta do Evangelho não consiste só numa relação pessoal com Deus. [...] A proposta é o Reino de Deus (Lc 4,43); trata-se de amar a Deus, que reina no mundo. Na medida em que ele conseguir reinar entre nós, a vida social será um espaço de fraternidade, de justiça, de paz, de dignidade para todos (EG, 180).

Unidade teológica entre criação e Reino de Deus. *Evangelii gaudium* parte do "Evangelho do Reino de Deus", e *Laudato si'* dedica o segundo capítulo ao "Evangelho da Criação". A dimensão social está inserida desde as origens.

O ensino social ocupa lugar privilegiado nos dois grandes textos de Francisco. Um capítulo inteiro da EG – capítulo 4: "A dimensão social da evangelização" – encontra-se no centro da Encíclica *Laudato si'*, sobre o cuidado da casa comum: "Esta carta encíclica se insere no magistério social da Igreja" (LS, 15). EG e LS são complementadas com discursos e mensagens oferecidos ao longo do seu magistério. Assim, expressam um novo jeito de compreender o pensamento social.

5. Quatro princípios orientadores da convivência social

Se, por um lado, existe continuidade, por outro, o pontífice latino-americano vai muito além de seus antecessores. Francisco identifica quatro princípios "para orientar especificamente o desenvolvimento da convivência social e a construção de uma comunidade onde as diferenças são harmonizadas em um projeto comum" (EG, 221). Os princípios são uma novidade que brotam dos grandes postulados da DSI, "que constituem o primeiro e fundamental parâmetro de referência para a interpretação e juízo dos fenômenos sociais" (EG, 221).

Os princípios estão desenvolvidos na seção "O bem comum e a paz social". São ousados, além de novos. Elevando sua "voz profética", o papa reafirma o marco constante de sua reflexão: o conflito entre os pobres e os privilegiados, cuja superação é o único caminho para a verdadeira paz (EG, 218). Os habitantes de cada país devem formar-se como "cidadãos responsáveis", não só em vista da participação na vida política, mas, principalmente, para a construção de um povo em que as diferenças se conciliem em uma "pluriforme harmonia" (EG, 220) em torno de um projeto comum (EG, 221). Essa meta representa a chave de leitura dos princípios.

Os quatro princípios são: 1. O tempo é superior ao espaço. 2. A unidade se sobrepõe ao conflito. 3. A realidade é mais importante que a ideia. 4. O todo é superior à parte.

5.1 O tempo é superior ao espaço (EG 222-225)

Este princípio permite trabalhar em longo prazo, sem a obsessão pelos resultados imediatos. Ajuda a suportar, com paciência, situações difíceis e hostis ou as mudanças de planos que o dinamismo da realidade impõe. É um convite a assumir a tensão entre plenitude e limite, dando prioridade ao tempo.

Um dos pecados que, às vezes, se notam na atividade sociopolítica é privilegiar os espaços de poder, em vez dos tempos dos processos. Dar prioridade ao espaço leva-nos a proceder como loucos para resolver tudo no momento presente.

É cristalizar os processos e pretender pará-los. Dar prioridade ao tempo é ocupar-se mais com iniciar processos do que possuir espaços. [...]. Trata-se de privilegiar as ações que geram novos dinamismos na sociedade e comprometem outras pessoas e grupos que os desenvolverão até frutificar em acontecimentos históricos importantes. Sem ansiedade, mas com convicções claras e tenazes.

O "tempo" indica um horizonte de possibilidades abertas. Já o espaço, evoca a ideia de limite. As limitações próprias de cada conjuntura são transcendidas pela "luz" da utopia já implícita no tempo como causa final. Uma consequência clara é evitar a impaciência que busca resultados imediatos. É preciso confiar na fecundidade dos processos.

O espaço se vincula logo ao poder, à autoafirmação, na ânsia do ter e à busca das vantagens políticas. O tempo, por outra parte, está associado à ideia de ativar dinamismos de caráter mais participativo. Projetos de longo prazo exigem poder de resistência diante das dificuldades. É importante privilegiar os processos novos que irrompem e envolvem novos sujeitos que assumem os processos de mudança.

5.2 A unidade prevalece sobre o conflito (EG 226-230)

"O conflito não pode ser ignorado ou dissimulado; deve ser acolhido. Mas, se ficamos encurralados nele, perdemos a perspectiva, os horizontes reduzem-se e a própria realidade fica fragmentada." A contraposição se dá entre o conflito, que é próprio das conjunturas histórico-sociais, e a unidade que corresponde à estrutura da realidade. Por uma parte, o conflito não deve ser ignorado. Por outra, não devemos fechar-nos no interior dos conflitos. É preciso transformá-los em "possibilidades de novos processos". É o único modo de alcançar "a comunhão na diferença", resolvendo em um plano superior as polaridades do conflito. Assim, torna-se visível o Evangelho de Cristo, que venceu a conflitividade do mundo "trazendo a paz mediante seu sangue. O objetivo é viabilizar um "pacto cultural" que faça emergir uma "diversidade reconciliada". Conflitos são inevitáveis. Mas a causa é maior do que os conflitos. Administrar as diferenças sem perder o foco naquilo que realmente importa.

É necessário manter a tensão entre conflito e unidade. O conflito não é necessariamente um mal contra o qual se deve lutar, mas sim uma condição de vida em sociedade, especialmente nas sociedades pluralistas: a existência de uma multiplicidade de interesses particulares legítimos e conflitantes. Os mecanismos democráticos não procuram eliminar o conflito, mas canalizá-lo de maneira positiva. A unidade é superior ao conflito, na medida em que preserva a sociedade da desintegração; mas o conflito é superior à unidade, na medida em que tem a função de canalizá-lo, não de suprimi-lo.

5.3 A realidade é mais importante que a ideia (EG 231-233)

> Existe uma tensão bipolar entre a ideia e a realidade: a realidade simplesmente é a ideia, elabora-se. Entre as duas, deve estabelecer-se um diálogo constante, evitando que a ideia acabe por separar-se da realidade. É perigoso viver no reino só da palavra, da imagem, do sofisma.

Esse princípio expressa a necessidade de um diálogo constante entre a realidade e a ideia, para que esta última não se transforme em sofisma. A ideia deve estar a serviço da compreensão da realidade. Assim, terá capacidade de convocar e de ser fecunda. Esse "princípio de realidade" tem raízes no mistério da encarnação do Verbo, entendido como inculturação do Evangelho, e em sua concretização na prática da justiça e do amor ao próximo.

A superioridade da realidade sobre a ideia é uma afirmação correta do ponto de vista gnoseológico. Aplicado ao plano social, fundamenta a necessidade de buscar realismo no discurso político, evitando a autorreferencialidade e as utopias impossíveis. Mas também é verdade que a ideia permite ver a realidade social não em sua mera facticidade, mas com base no fim para o qual ela deve apontar. A realidade é superior à ideia porque é seu critério de verdade. Mas, em outro sentido, a ideia é superior à realidade, porque as instituições nada mais são do que ideias normativas que não apenas refletem a realidade, mas buscam capturá-la.

É um princípio voltado especialmente aos teóricos, assessores e lideranças, tomando em conta a pluralidade de correntes ideológicas e estratégias presentes no interior das comunidades eclesiais e organizações populares.

5.4 O todo é superior à parte (EG, 234-237)

"Entre a globalização e a localização se gera uma tensão. É preciso prestar atenção à dimensão global para não cair numa mesquinha cotidianidade. Ao mesmo tempo, convém não perder de vista o que é local, que nos faz caminhar com os pés por terra". Portanto, "não se deve viver demasiado obcecado por questões limitadas e particulares. Trabalha-se no que está próximo, mas com uma perspectiva mais ampla".

Esse princípio adverte para a necessidade de um equilíbrio entre globalização e localização, para não cair em um "universalismo abstrato e globalizante" ou em um "localismo ermitão". Também se refere à perspectiva do bem da comunidade, que impede cair em uma parcialidade isolada e estéril. A imagem dessa unidade não é a esfera, feita de pontos uniformes equidistantes do centro, mas o poliedro, em que todas as parcialidades conservam sua originalidade.

O princípio é acompanhado por uma comparação entre duas metáforas. São as metáforas da esfera e do poliedro, duas maneiras de representar as relações entre o "todo" e suas "partes". O todo é mais do que a parte e mais do que a simples soma delas. É necessário mergulhar as raízes na terra fértil e na história do próprio lugar, que é um dom de Deus. Trabalha-se no pequeno, no que está próximo, mas com uma perspectiva mais ampla. "Não é a esfera global que aniquila, nem a parte isolada que esteriliza." Tanto a ação pastoral como a ação política procuram reunir nesse poliedro o melhor de cada um. [...] A nós, cristãos, este princípio fala-nos também da totalidade ou integridade do Evangelho que a Igreja nos transmite e envia a pregar. [...] O Evangelho é fermento que leveda toda a massa e cidade que brilha no cimo do monte, iluminando todos os povos. O Evangelho possui um critério de totalidade que lhe é intrínseco: não cessa de ser Boa-Nova enquanto não for anunciado a todos, enquanto não fecundar e curar todas as dimensões do homem, enquanto não unir todos os homens à volta da mesa do Reino.

6. Ecologia integral

"Os problemas atuais requerem um olhar que tenha em conta todos os aspectos da crise mundial, proponho que nos detenhamos agora a refletir sobre os diferentes elementos de uma ecologia integral, que inclua claramente as dimensões humanas e sociais" (LS, 137).

Ecologia é um conceito abrangente: "tudo está interligado" (LS, 16; 91; 117; 138; 240). Os problemas são globais e as soluções também. "A interdependência obriga-nos a pensar num único mundo, num projeto comum" (LS, 164). A ecologia abarca um amplo movimento constituído por cidadãos comuns, ambientalistas, ONGs, grupos religiosos, pesquisadores e empreendedores. Ou seja, uma simultaneidade de atitudes individuais, ações comunitárias e políticas institucionais em âmbito local, nacional e planetário. A

Igreja se soma a um movimento planetário em defesa da vida na terra.

Nós mesmos somos a terra (LS, 2). O destino do ser humano está associado ao destino do cosmos. O planeta não é um conjunto de recursos à disposição do homem. É uma casa comum com quem partilhamos a existência (LS, 1). O qualificativo "integral" contempla uma gama de significados distintos e complementares: inteireza, articulação sem reduzir as diferenças, união da estética com a ética, diálogo entre fé e ciência, múltiplos fatores (ambiental, econômico, social, político, cultural), ações pessoais e coletivas, espiritualidade e ciência.

A interação entre ecossistemas e comunidades humanas exige o cuidado das riquezas culturais (LS, 144). O desaparecimento de uma cultura é tão grave quanto o de uma espécie (LS, 146). A ecologia *integral* estreita os laços do ambiental com o social, considera o meio ambiente por inteiro, incluindo o humano.

O conceito de "integral" compreende a maneira de abordar os problemas e encontrar soluções para a humanidade e o planeta. Não há duas crises separadas: uma ambiental e outra social; mas uma única e complexa crise socioambiental. As diretrizes para a solução requerem uma abordagem integral para combater a pobreza, devolver a dignidade aos excluídos e, simultaneamente, cuidar da natureza (LS, 139).

O adjetivo "integral", incorporado à "ecologia", traduz o esforço de pensar de maneira articulada. O empenho ecológico não se limita a proteger a natureza. Os seres humanos estão em constante relação com os ecossistemas.

Não é somente uma questão ambiental. O ciclo da vida no planeta e a justiça social são inseparáveis. A ecologia integral relaciona outros temas da DSI: ecologia ambiental, econômica e social (LS, 138-142), ecologia cultural (LS, 143-146) e ecologia da vida cotidiana (LS, 147-155). Vincula-se diretamente com a opção pelos pobres, sistemas econômicos e ideologias políticas. A ecologia integral é inseparável da noção de bem comum, princípio central e unificador na ética social cristã (LS, 156).

A busca do bem comum inclui a preocupação com as gerações futuras. Inclui a *justiça intergeracional* (LS, 159-162). É uma questão essencial de justiça. A terra que recebemos pertence também àqueles que hão de vir. A nossa própria dignidade está em jogo. Somos nós os primeiros interessados em oferecer um planeta habitável para a humanidade que nos vai suceder (LS, 160). O ritmo de consumo, desperdício e alteração do meio ambiente superou as possibilidades do planeta.

O estilo de vida atual – insustentável – desembocará em catástrofes no presente e no futuro. Necessitamos de *uma educação ambiental* que crie nova mentalidade e posturas do ser humano com a "casa comum". Ajude a desenvolver uma cidadania ecológica, crítica e construtiva, ética e espiritual. Ajude a superar os equívocos da globalização do modelo tecnocrático (LS, 106-109).

7. Pluralismo e diálogo

Os quatro princípios e o conceito de "ecologia integral" possibilitam um diálogo capaz de alcançar consensos e plasmar "um acordo para viver juntos (...) um pacto social e cultural". O sujeito histórico principal desse diálogo é "o povo e sua cultura", não uma classe, uma fracção, um grupo, uma elite (EG, 239). Os princípios são retomados em diversas passagens de *Laudato si'* e fornecem uma base para "o diálogo social como contribuição para a paz".

Falar de diálogo social exige que nos perguntemos como estabelecer um diálogo com o que somos, com os outros membros, religiosos ou não, da sociedade. O Evangelho do Reino pode introduzir-se efetivamente em nossa realidade social, econômica e política. "É necessário recorrer também às diversas riquezas culturais dos povos, à arte e à poesia, à vida interior e à espiritualidade" (LS, 63). Acrescente-se que "as convicções da fé oferecem aos cristãos – e também a outros crentes – grandes motivações para cuidar da natureza e dos irmãos e irmãs mais frágeis" (LS, 64).

O diálogo supõe uma visão plural e holística do ser humano e da criação, todos os atores envolvidos, todas as disciplinas intelectuais e todas as sabedorias – não apenas as ciências e a técnica. A sabedoria humana se expressa de diversas formas. A Igreja não possui o monopólio da interpretação da realidade social ou da apresentação de soluções para os problemas contemporâneos (EG, 184). Ela compreende que deve ouvir e promover o debate (LS, 46, 188). Francisco se dirige à inteligência e à capacidade de análise de todos e dos especialistas, sempre com a consciência de que eles são muitos, situados dentro de uma diversidade de culturas e situações concretas, e de que precisa, portanto, adaptar uma forma ou um estilo poliédrico para dirigir-se a eles.

Uma DSI mais comprometida em iniciar processos do que possuir espaços. Em Francisco, o ensino social não se apresenta sob a forma de um ensino a ouvir e a aplicar, mas como uma iniciação de um processo aberto que terá êxito se implicar outros atores. A DSI propõe um caminho de conversão em que a questão fundamental é a atitude espiritual determinante da "saída", própria de uma Igreja missionária, uma Igreja "em saída" (EG, 20-23). Pois "sempre é possível desenvolver uma nova capacidade de sair de si mesmo rumo ao outro [...]. Esta atitude de romper o individualismo é a raiz que possibilita o cuidado dos outros e do meio ambiente. A superação do individualismo possibilita uma mudança relevante na sociedade" (LS, 208). A denúncia profética é posta a serviço da esperança (LS, 76).

ECONOMIA

1. Crítica da economia da desigualdade

O pensamento do Papa Francisco sobre economia reflete a constante preocupação da DSI pelas exigências implicadas na justiça social e pela necessidade de que a economia e a política estejam realmente orientadas a serviço da pessoa humana e, de maneira particular, para aqueles que estão marginalizados pela sociedade.[1] Nesse sentido, o conteúdo da sua mensagem sobre economia não significa nenhuma novidade na DSI.

Quando Francisco fala das questões econômicas, o primeiro elemento que surge é a pobreza e a exclusão social. Aborda o sistema econômico pela via do sofrimento do pobre. Essa miséria inclui muitos aspectos. Em primeiro lugar, trata da pobreza material, da fome e da privação extrema, incluindo o trabalho escravo, os imigrantes, o desemprego, o drama dos refugiados e da perda das famílias, entre muitas outras – que Francisco assume como seu ponto de partida:

---

[1] Para saber mais sobre economia na Doutrina Social da Igreja: GASDA, Élio. *Economia e bem comum. O Cristianismo e uma ética da empresa no capitalismo.* São Paulo: Paulus, 2016.

"Enquanto os benefícios de uns poucos crescem exponencialmente, a maioria está ficando distante do bem-estar de uma minoria feliz" (EG, 56).

O segundo elemento é consequência do anterior: identificar as raízes da pobreza, da exclusão e da violência contra os pobres. É evidente o nexo de desigualdade existente entre o primeiro pilar – miséria e sofrimento – e o segundo, o sistema socioeconômico. As desgraças deste mundo têm, antes de tudo, uma razão comum, sistêmica, um fio de ouro que perpassa todas as injustiças e violências: "Essa economia mata" (EG, 53).

Francisco atinge o coração ideológico do sistema dominante: "Não podemos confiar nas forças cegas e na mão invisível do mercado" (EG, 204). Existe proximidade com o pensamento de Karl Polanyi, o primeiro a analisar, em seu livro *A grande transformação*,[2] o processo de irrupção da sociedade de mercado conduzida pelo capitalismo liberal. Essa obra, escrita na década de 1940, examina como a sociedade de mercado conta com o egoísmo econômico do indivíduo para garantir seu dinamismo. Um sistema separado que funciona segundo regras próprias. Por um lado, baseado na lógica da acumulação, e, por outro, na miséria do operário necessitado de vender seu trabalho. Tudo deve

---

[2] POLANYI, Karl. *A grande transformação: as origens de nossa época (1943)*. Rio de Janeiro: Campus, 1980.

ser encontrado no mercado. Cada mercadoria tem seu preço. Também o trabalho, a terra e a moeda devem estar disponíveis como qualquer outra mercadoria.

Tudo é objeto de lucro. A mercantilização de tudo transforma a sociedade em uma *sociedade de mercado*. Uma *sociedade de mercado* exige a subordinação da política à sua lógica. A economia se torna hegemônica, determina sua própria organização e a organização global da sociedade. A economia é confiscada por um pequeno número de atores. A economia não está mais inserida nas relações sociais, mas as relações sociais estão inseridas no mercado. Tal sociedade se orienta estritamente pela competitividade e pelo individualismo. Estamos regressando a formas primitivas de barbárie social.

A posição decidida de Francisco por um modelo econômico que tenha como centro a pessoa está na base da sua crítica contundente ao modelo vigente. Seu objetivo é pôr fim ao histórico divórcio entre ética e economia, reconhecendo a imoralidade da atividade econômica quando esta se reduz unicamente à ideia de que negócio é negócio.

O Papa Francisco é uma voz crítica que se fundamenta em uma visão da economia ética com visão realista. Suas interpelações são um convite para repensar todo o sistema, não somente a cultura do consumo. Uma mudança no estilo de vida pode exercer pressão sobre os responsáveis políticos e os agentes econômicos.

Francisco conhece o capitalismo periférico gerador de uma escandalosa acumulação de riqueza em pouquíssimas mãos à custa da exclusão e da pobreza das grandes maiorias. Seu discurso é direto, explícito, sem metáforas: "Este sistema social e econômico é injusto em sua raiz" (EG, 59). Suas formulações recordam o magistério dos bispos latino-americanos em Medellín (1968), Puebla (1979) e Aparecida (2005), como também a Teologia da Libertação.

2. Elementos principais da crítica

As críticas atingem o núcleo das questões sociais. São tempos de retorno do neoliberalismo do capitalismo financeiro. Denúncia do fetichismo do dinheiro: o sistema econômico se converteu em um ídolo. Essa economia mata. Exigência ética: construir uma economia a serviço dos povos. Como reconstruir o sistema econômico.

A primeira passagem de EG dedicada ao tema (EG, 52-67) está no capítulo 2. A análise oferece elementos de discernimento (EG, 50-51). A denúncia se expressa em forma de "não": "Não a uma economia da exclusão" (EG, 53-54), "não a nova idolatria do dinheiro" (EG, 55-56), "não a um dinheiro que governa em lugar de servir" (EG, 57-58), "não à iniquidade que gera violência" (EG, 59-60). Sete pontos sintetizam a crítica de Francisco ao capitalismo neoliberal:

1. O objeto central da denúncia se expressa nestas linhas: "Não pode ser que não seja notícia que um idoso morador de rua morra de frio, mas que uma queda de dois pontos no mercado de ações o seja. Isso é exclusão. Não se pode tolerar que se jogue comida no lixo quando há pessoas que morrem de fome. Isso é iniquidade" (EG, 53). Difícil discordar. O fenômeno tem a ver com a "cultura do descarte". A exclusão é mais do que mera exploração. O neoliberalismo inaugurou a cultura do descarte. Com a exclusão, o pertencimento à sociedade é afetado na raiz. Já não se está mais abaixo ou na periferia. Está-se fora. Os excluídos não são "explorados", mas resíduos, "sobras". Estamos em uma nova fase da civilização.

Num tempo confuso e desorientado, a verdadeira divindade é substituída por um ídolo enganador. Nesse sistema, a primazia do ser humano é negada para dar lugar ao dinheiro e sua lógica. Essa é a idolatria do dinheiro. "Criamos novos ídolos. A adoração do antigo bezerro de ouro (cf. Ex 32,1-35) encontrou uma nova e cruel versão no fetichismo do dinheiro e na ditadura de uma economia sem rosto e sem um objetivo verdadeiramente humano" (EG, 55). Quando sua lei é imposta, surgem desequilíbrios justificados por ideologias que defendem a autonomia absoluta dos mercados (EG, 56). A competitividade se torna a única lei da civilização neoliberal, onde o poderoso destrói o mais fraco (EG, 53). Jesus ensinou que não se pode servir a Deus e ao dinheiro (Lc 16,12). São Paulo afirma que a avareza é a raiz de todos os males (1Tm 6,10). Francisco insiste em que o amor ao dinheiro é o principal obstáculo para amar o próximo. Portanto, a causa da exclusão é estrutural. A lógica do mercado absolutizado alimenta o pecado da avareza.

A expressão "ditadura da economia ou do dinheiro" não é nova na DSI. Ela aparece na encíclica de Pio XI em 1931, a *Quadragesimo Anno* (QA, adiante): "a livre concorrência matou-se a si própria; a ditadura da economia se impôs sobre a liberdade de mercado; a avidez do lucro foi seguida pela desenfreada ambição de poder; toda a economia se tornou horrendamente dura, cruel, atroz" (109). Essa tendência foi acentuada com a globalização do capitalismo financeiro neoliberal que provocou a crise atual.

Essa ditadura do dinheiro é justificada pelos economistas do *mainstream*. Os meios de comunicação hegemônicos e os governos a recompensam. Grandes empresas, as finanças e os sistemas de justiça se baseiam nela. O fetiche do dinheiro invadiu todas as dimensões da vida social. A sociedade está anestesiada pelo consumismo. Não reage. Os indivíduos estão ocupados em alimentar seu egoísmo. Isso impede ações coletivas mais eficazes em favor da justiça social. Uma sociedade desolada. Angústia e conformismo dificultam uma atitude mais reativa diante das crises e um compromisso maior com o bem comum.

2. A corrupção está enraizada no sistema. Está na base do capitalismo. A corrupção e seus laços indissociáveis com o poder e o dinheiro, tanto em nível internacional quanto nacional, é um fenomeno que não se circunscreve ao âmbito ético-moral, mas o ultrapassa, configurando um problema intrínseco a todo sistema apoiado na avareza. "Como a política não é um assunto dos políticos, a corrupção não é um vício exclusivo da política. Existe corrupção na política, existe corrupção nas empresas, nos meios de comunicação, nas Igrejas e existe corrupção também nas organizações sociais e movimentos populares. Existe uma corrupção radicada em alguns âmbitos da vida econômica, em particular na atividade financeira, e que é menos notícia do que a corrupção diretamente ligada ao âmbito político e social. A corrupção, a soberba e o exibicionismo dos dirigentes aumenta o descrédito coletivo, a sensação de abandono e alimenta o mecanismo do medo que sustenta este sistema iníquo".[3]

No capitalismo a corrupção é sistemática. Seu processo de desenvolvimento histórico está associado à constituição de laços de corrupção entre os grupos políticos que comandam os Estados nacionais e os grupos privados que detêm o poder econômico. A corrupção desponta quando há concentração de poder. Torna-se um estratagema que auxilia

---

[3] III Encontro.

quem já dispõe de poder a conseguir ainda mais poder. A corrupção é funcional. A concentração da riqueza sempre tem sido acompanhada de casos de corrupção.

3. O ser humano está submetido às leis do mercado. Sua redução a um bem de consumo é outra expressão marcante dessa idolatria do dinheiro (EG, 53). Tem valor na medida em que tem valor monetário; senão se torna sobra, descartável.

A lei do mercado está eclipsando a lei da solidariedade. Esse sistema está matando a capacidade de amar o próximo. Está desumanizando. A economia potencializa uma competitividade que deteriora as relações pessoais porque considera o outro um adversário e não um irmão. O sistema descarta pessoas e anula a solidariedade para com elas. Isso leva ao aumento das desigualdades, pois beneficia a quem tem mais. Os mercados internacionais de alimentos produzem fome, a indústria farmacêutica visa ao lucro e condena à morte milhares de pessoas por doenças curáveis. A obsessão descontrolada por acumular riqueza em curto prazo leva a fechar-se ao outro.

4. Isso é agravado com uma mentalidade cada vez mais individualista que leva à indiferença para com a situação do outro (EG, 61). A globalização da indiferença faz as pessoas viverem anestesiadas pelo consumo, a olharem com

naturalidade a situação de abandono, sofrimento e desespero em que vivem milhares de pessoas (EG, 54).

5. Essa cultura da indiferença está relacionada à teoria do "derramamento". Segundo a qual o crescimento econômico que enriquece uns poucos acabará por beneficiar a todos. Políticas baseadas nessa teoria nunca produziram os resultados esperados, mas servem como justificativa para a distribuição de renda que nunca será abordada. "Neste contexto, alguns defendem as teorias da 'recaída favorável' que pressupõem que todo o crescimento econômico, favorecido pelo livre mercado, consegue por si mesmo produzir maior equidade e inclusão social no mundo. Esta opinião, que nunca foi confirmada pelos fatos, exprime uma confiança vaga e ingênua na bondade daqueles que detêm o poder econômico e nos mecanismos sacralizados do sistema econômico reinante. Entretanto, os excluídos continuam a esperar" (EG, 54).

Tradução aportuguesada da expressão *Trickle down Theory* ou "Teoria do gotejamento" foi utilizada durante a Grande Depressão dos anos 1930 para explicar que é preciso beneficiar os mais ricos para que eles possam criar mais riqueza. Essa, por sua vez, começará a gotejar para os de baixo. A realidade desmente a teoria. Os ricos beneficiados escondem seu dinheiro em paraísos fiscais, especulam na bolsa de valores, fraudam impostos e investem no sistema financeiro.

Quanto mais distributivo é um modelo econômico, mais eficiente se torna. Quanto mais a riqueza é concentrada em mãos dos ricos, menos riqueza goteja. Os mais ricos conseguiram convencer a maioria da sociedade de que esse sistema é justo e bom para todos. "Não basta deixar cair algumas gotas, quando os pobres agitam este copo que, por si só, nunca derrama. Os planos de assistência que acodem a certas emergências deveriam ser pensados apenas como respostas transitórias. Nunca poderão substituir a verdadeira inclusão: a inclusão que dá o trabalho digno, livre, criativo, participativo e solidário".[4]

6. Neoestado: estes pontos da crítica ao capitalismo corroboram que sua ideologia, o neoliberalismo, tem influência direta nas questões fundamentais da organização da sociedade. "Há demasiados interesses particulares e, com muita facilidade, o interesse econômico chega a prevalecer sobre o bem comum e manipular a informação para não ver afetados os seus projetos" (LS, 54). O poder está vinculado a um sistema financeiro (LS, 57).

Controlar o Estado é condição para a manutenção da ditadura do dinheiro que sufoca a economia real (LS, 109). *Os neoliberais* são os responsáveis pelo ataque ao papel do Estado na promoção de políticas públicas que visam à justiça social. Para eles, a justiça social é incompatível com o li-

---

[4] II Encontro.

vre mercado. A ordem social e econômica que deve vigorar tem de ser decidida pelas forças do mercado. Os neoliberais entendem a humanidade e o planeta como um grande e universal mercado composto de indivíduos identificados como consumidores que calculam lucros e prejuízos em tudo o que fazem.

O neoliberalismo configurou uma espécie de neoestado. Vassalo do mercado, ele está levando a uma profunda transformação das instituições públicas. Temos um sistema jurídico, uma burocracia, os poderes legislativo e executivo cada vez mais controlados pelo ídolo dinheiro. O Estado deixou de promover relações sociais de respeito entre as pessoas, de buscar a justiça social e de garantir os direitos sociais.

O Estado, disciplinado pelas finanças, tem a função de manter a segurança, garantir o controle social e criar condições para as operações de capital. O capital não tem função social alguma. No neoestado, não cabem reivindicações de justiça e dignidade do trabalho. O capital financeiro é parasitário, ele suga parcelas do orçamento público reservadas aos sistemas sociais (aposentadoria, saúde, educação, habitação). Os objetivos do mercado tornaram-se a razão de Estado, independentemente da vontade popular. Seu único propósito é a manutenção do próprio mercado. O capitalismo traz as marcas da destruição das culturas, da natureza e da ética. A violência contra os pobres foi institucionalizada. O mercado governa saqueando os povos.

7. A violência é consequência imediata que surge como reação contra tal situação. "Hoje, em muitas partes, reclama-se maior segurança. Mas, enquanto não se eliminar a exclusão e a desigualdade dentro da sociedade e entre os vários povos, será impossível desarraigar a violência. Acusam-se da violência os pobres e as populações mais pobres. Quando a sociedade – local, nacional ou mundial – abandona na periferia uma parte de si mesma, não há programas políticos, nem forças da ordem ou serviços secretos que possam garantir indefinidamente a tranquilidade. Isto não acontece apenas porque a desigualdade social provoca a reação violenta de quantos são excluídos do sistema, mas porque o sistema social e econômico é injusto na sua raiz. É o mal cristalizado nas estruturas sociais injustas, a partir do qual não podemos esperar um futuro melhor" (EG, 59).

3. Por uma outra economia

3.1 Visão realista

A visão crítica de Francisco se fundamenta em uma visão realista. A crise é profunda. Uma mesma lógica está causando a degradação simultânea do ambiente social, ecológico e do trabalho humano. "O mito do progresso absoluto em um mundo limitado apoiado sobre um paradigma tecnocrático neoliberal cujo controle é exercido pelos poderosos" (LS, 52).

Essa lógica está enraizada no coração humano alienado pelo pecado. "A casa comum está sendo saqueada e devastada impunemente. A covardia em defendê-la é pecado grave."[5] A devastação generalizada da casa comum tem sua origem na pulsão acumuladora que acompanha o capitalismo. É inegável a constatação da insustentabilidade do atual modelo de sociedade. "Para além de qualquer previsão catastrófica, o certo é que o atual sistema mundial é insustentável por diversos pontos de vista" (LS, 139).

Esse modelo de civilização não é o único possível. Diante da essência desumanizadora e antievangélica do capitalismo, a DSI propõe outra antropologia e outra ética alicerçadas na conversão pessoal. A necessária mudança de sistema somente poderá ocorrer se estiver acompanhada de uma mudança de mentalidade, de valores e de cultura. Transformar o estilo de vida. "Precisamos ser concretos para que os grandes princípios sociais não se tornem meras generalidades que não provocam a ninguém" (EG, 182).

Articular as duas dimensões da ética (pessoal e institucional): passar de um comportamento individualista para um comportamento solidário. Para mudar estruturas e mecanismos econômicos, a lógica do mercado e do sistema financeiro, é preciso começar pela vida cotidiana. Uma *ecologia integral* é feita também de simples gestos cotidianos,

---

[5] II Encontro.

pelos quais quebramos a lógica da violência, da exploração, do egoísmo (LS, 230). Proposta que se repete em *Evangelii gaudium*: "A sobriedade, vivida livre e conscientemente, é libertadora, pois a felicidade exige saber limitar algumas necessidades que nos entorpecem, permanecendo assim disponíveis para as muitas possibilidades que a vida oferece" (EG, 223); isso torna possível "voltar a sentir que precisamos uns dos outros, que temos uma responsabilidade para com os outros e o mundo, que vale a pena ser bons e honestos" (EG, 229).

Para uma mudança de mentalidade e de estilos de vida, é preciso formar a consciência no sentido de dar importância ao sentido integral da casa comum. Nenhum projeto pode ser eficaz se não for animado por uma consciência responsável na dimensão educativa, espiritual, eclesial e política. "Toda mudança tem necessidade de motivações e de um caminho educativo" (LS, 15). No esforço de reformular comportamentos, a educação e a formação são fatores centrais. Envolvem "todos os ambientes educacionais, por primeiro a escola, a família, os meios de comunicação, a catequese" (LS, 213). Não se pode subestimar a importância de percursos de educação ambiental capazes de incidir sobre gestos e hábitos cotidianos, da redução do consumo de água à diferenciação do lixo, até apagar as luzes desnecessárias (LS, 211).

As constantes crises sociais dos últimos anos comprovam a fragilidade do atual modelo de sociedade. O momento necessita urgentemente de propostas alternativas. O capitalismo apresenta sérios desafios aos princípios de justiça social, bem comum e dignidade humana. A realidade exige um novo olhar que integre os avanços da economia ao diálogo crítico e aos novos atores envolvidos em práticas alternativas. Como articular novas formas de cooperação entre esses três âmbitos e suas lógicas para combater a desigualdade socioeconômica?

O Papa Francisco pede uma mudança nos pilares do sistema econômico. "... precisamos converter o modelo de desenvolvimento global, e isto implica refletir sobre o sentido da economia e dos seus objetivos, para corrigir as suas disfunções. Trata-se de redefinir o progresso" (LS, 194).

A condição prévia para pensar nos novos modelos de sociedade é reconhecer a necessidade de mudança. Por que "há um elo invisível que une todas as exclusões. Estas realidades destrutivas correspondem a um sistema que se tornou global. Queremos uma mudança de estruturas. Este sistema é insuportável: não o suportam os povos. Nem sequer o suporta a irmã Mãe Terra".[6]

---

[6] II Encontro.

3.2 Identificar e desenvolver novos modelos de sociedade

A DSI não oferece soluções técnicas, "ela não pretende definir as questões científicas nem substituir a política, mas convidar a um debate honesto e transparente, para que as necessidades particulares ou as ideologias não lesem o bem comum" (LS, 188).

Onde buscar alternativas? "Precisamos ser concretos para que os grandes princípios sociais não se convertam em meras generalidades que não provocam ninguém" (EG, 182). Criar "processos" (EG, 202) que conduzam a modelos de economia mais humanas. Processos bem pensados. Trata-se de colaborar para que os últimos, os explorados e descartados, sejam protagonistas, participem de forma decisiva dos "processos".

Primeira tarefa: pôr a economia a serviço dos povos. Economia não deveria ser um mecanismo de acumulação, mas de administração da casa comum. Isso implica cuidar da casa e distribuir adequadamente os bens entre todos. Uma economia verdadeiramente comunitária – uma economia de inspiração cristã – deve garantir aos povos dignidade, prosperidade e civilização em seus múltiplos aspectos. A justa distribuição dos frutos da terra e do trabalho humano não é filantropia. É dever moral. Para os cristãos, o encargo é ainda mais forte: é mandamento. Devolver aos pobres o que lhes pertence. Segunda tarefa: unir os nossos povos no caminho da paz e da justiça. Terceira tarefa: defender a Mãe Terra.[7]

Passar de uma economia que visa somente ao lucro, baseada em especulação e nas finanças, para uma economia social que invista em pessoas e garanta seu bem viver. Passar de uma economia que tende a favorecer a corrupção como meio de obter benefícios, para uma economia social que garanta o acesso aos "três T": terra, teto, trabalho.

Em suma, repensar todo o sistema econômico, em que a pessoa seja o centro. Em que o mercado seja controlado pela comunidade política e pela ética (LS, 189-198). O Papa Francisco apela à consciência das lideranças políticas para que se empenhem por uma reforma financeira inspirada na ética. É lamentável que a palavra seja tratada com sarcasmo pelos economistas e agentes do mercado: "Para a ética, olha-se habitualmente com um certo desprezo sarcástico; é considerada contraproducente, demasiado humana, porque relativiza o dinheiro e o poder. É sentida como uma ameaça, porque condena a manipulação e degradação da pessoa" (EG, 57).

A perspectiva dos pobres é fundamental para a realização efetiva do bem comum (LS, 158). Essa opção implica

---

[7] III Encontro.

a prioridade das necessidades dos últimos sobre os interesses dos incluídos e, particularmente, dos poderosos. Na realidade é uma alteração radical da ordem social. Francisco concebe a opção pelos pobres como o eixo que deve abarcar qualquer cenário de outra sociedade possível. Distinguir as necessidades e desejos transitórios em uma sociedade do consumo e do descartável: "É insustentável o comportamento daqueles que consomem e destroem cada vez mais, enquanto outros ainda não podem viver de acordo com a sua dignidade humana" (LS, 193).

As necessidades dos pobres devem ter prioridade sobre os desejos dos ricos; os direitos dos trabalhadores sobre o incremento dos lucros; a proteção dos bens sociais (educação, saúde, segurança alimentar) sobre uma produção com objetivos militares. Há uma hierarquia de necessidades materiais. As necessidades primárias são direitos humanos: existência, integridade física, digno padrão de vida no que se refere à alimentação, ao vestuário, à moradia, ao repouso, à assistência médica e aos serviços sociais.

Um desenvolvimento humano integral requer que se removam as principais fontes de privação da dignidade: pobreza e tirania, carência de oportunidades econômicas e destituição social, negligência dos serviços públicos, intolerância e estados não democráticos. Promover os pobres em sua condição de agentes. O princípio ético do destino universal dos bens leva a buscar que todos tenham o necessário para viver de forma digna. Isso exige priorizar os mais empobrecidos.

A justa distribuição dos frutos da terra e do trabalho humano não é mera filantropia. É um dever moral. Para os cristãos, o encargo é ainda mais forte: é um mandamento. Trata-se de devolver aos pobres e às pessoas o que lhes pertence. O destino universal dos bens não é um adorno retórico da doutrina social da Igreja. É uma realidade anterior à propriedade privada.[8]

As iniciativas criativas dos pobres servem de modelos de inspiração: o catador de papelão, o artesão, o vendedor ambulante, o trabalhador irregular, as mulheres do campo, os povos indígenas, as comunidades de pescadores, as comunidades das periferias, as ocupações, os morros e as favelas:

Vocês, os mais humildes, os explorados, os pobres e excluídos, podeis e fazeis muito. O futuro da humanidade está, em grande medida, nas vossas mãos, na vossa capacidade de vos organizar e promover alternativas criativas na busca diária dos "3 T" (trabalho, teto, terra), e na participação como protagonistas nos grandes processos de mudança nacionais, regionais e mundiais.[9]

Os pobres desenvolvem uma ecologia humana, em meio a muitas limitações ambientais, como as péssimas condições de moradia. A pobreza extrema em ambientes

---

[8] II Encontro.
[9] II Encontro.

desumanos facilita a perda das raízes, a proliferação de organizações criminosas e a violência. Os pobres são capazes de superar essas situações e fazer experiência comunitária (LS, 149).

Devido à crescente concentração de pessoas nas cidades e ao aumento da exclusão social, ganha importância a ecologia urbana. O acesso à habitação (ter uma moradia) é questão central da ecologia urbana (LS, 152). A boa planificação urbana integra vários saberes, busca qualidade de vida, harmonia com o ambiente, encontro e ajuda mútua das pessoas. Considerar o ponto de vista da população (LS, 150).

Cuidar dos espaços comuns visando melhorar o sentimento de "estar em casa" dentro da cidade (LS, 151). A ecologia integral é inseparável da noção de bem comum, princípio central e unificador na ética social cristã (LS, 156). O bem comum exige respeito aos direitos humanos fundamentais e a promoção da paz social (LS, 157). A busca do bem comum inclui a preocupação com as gerações futuras. "Sejamos atentos às gerações futuras e também aos pobres de hoje" (LS, 162).

3.3 Dimensão relacional e diálogo para a construção da paz

A dimensão relacional é crucial ao ser humano. A DSI aborda as questões sociais a partir da categoria de relação.

A mesma está baseada na pessoa humana. Mercado, Estado e sociedade são espaços relacionais em que os indivíduos se reconhecem como pessoas. As partes envolvidas são muito mais que agentes econômicos. De fato, são membros de uma sociedade mais extensa e diversa: a cidade, o país, a humanidade.

Torna-se atual a necessidade do humanismo, que faz apelo aos distintos saberes, incluindo o econômico, para uma visão mais integral e integradora (LS, 141). Não há ecologia sem uma adequada antropologia (LS, 118). Essa é a proposição para um desenvolvimento que seja sustentável e integral (LS, 13).

O Papa Francisco propõe empreender em todos os níveis da vida social, econômica e política um diálogo honesto que inaugure processos de decisões transparentes. O diálogo é o instrumento para resolver os problemas. As Igrejas e comunidades cristãs – bem como outras religiões – têm expressado uma profunda preocupação e uma reflexão valiosa sobre o tema da ecologia (LS, 7). As religiões têm uma riqueza a oferecer para uma ecologia integral e o pleno desenvolvimento do gênero humano (LS, 62): um diálogo pautado pela aposta em novos modelos socioeconômicos (LS, 94), na criação de sistemas normativos que incluam limites e assegurem a proteção dos ecossistemas (LS, 53).

Dialogar com as ciências: a seu modo, elas servem ao Senhor. É preciso "um debate científico e social que seja responsável e amplo, capaz de considerar toda a informação disponível e chamar as coisas pelo seu nome a partir de linhas de pesquisa autônomas e interdisciplinares que possam trazer nova luz" (LS, 135).

Dialogar com as culturas: não somente as ciências devem ajudar no cuidado da casa comum. As culturas locais e as populações indígenas têm muito a ensinar sobre o amor à terra (Aparecida, 470-473). Esses povos oferecem um exemplo de vida em harmonia com o ambiente que eles aprenderam a conhecer e preservar. Sua experiência corre o risco de se perder juntamente com o ambiente do qual se origina. "A biodiversidade está associada à riqueza das culturas, com seus conhecimentos de medicina natural, muitas vezes ilicitamente apropriados e patenteados por indústrias farmacêuticas e de biogenética" (Aparecida, 83).

3.4 Mudar de paradigma: decrescimento

A palavra decrescimento aparece uma vez de forma explícita em LS:

> Se em alguns casos o desenvolvimento sustentável implicará novas modalidades para crescer, noutros casos – em face do crescimento ganancioso e irresponsável, que se verificou ao longo de muitas décadas – devemos pensar também em abrandar um pouco a marcha, pôr alguns limites razoáveis e até mesmo

retroceder antes que seja tarde. Sabemos que é insustentável o comportamento daqueles que consomem e destroem cada vez mais, enquanto outros ainda não podem viver de acordo com a sua dignidade humana. Por isso, chegou a hora de aceitar certo decréscimo do consumo em algumas partes do mundo, fornecendo recursos para que se possa crescer de forma saudável em outras partes (LS, 193).

O termo decrescimento tem suas raízes no conceito original de ecologia (*oîkos*: casa; *logos*: ciência): ciência da *casa comum*. Antes da modernidade, a economia é um subsistema dessa totalidade que é a *casa comum*. Não existe economia sem ecologia.

O capitalismo pensa o ecossistema como um elemento periférico da economia ou como um depósito de onde se retira o que se quer. Porém, se o nível de consumo continuar ultrapassando o limite planetário para alimentar a uma pequena porção da população, a degradação acelerada do planeta será inevitável. Nos últimos 50 anos, os ecossistemas naturais foram modificados mais rapidamente que em qualquer período comparável da história para atender a demandas por alimentos, água potável, energia. Mudanças climáticas afetam a agricultura, os ecossistemas, os recursos hídricos e oceanos, os setores econômicos, a saúde humana e soberania alimentar. As mudanças afetam a todos. Mas os pobres são os mais impactados.

A década de 1970 potencializou uma aproximação entre as Ciências Naturais e as Ciências Exatas e contribuiu para o surgimento de disciplinas como a *Economia ecológica (Bioeconomia)*, que questiona o modelo atual de sociedade baseado na exploração irresponsável de recursos naturais e no consumo.

Um dos seus principais expoentes, Nicholas Georgescu-Roegen, demonstrou que o sistema atual não contempla externalidades ambientais. Ao excluir dos cálculos o custo dos recursos naturais, acaba desconsiderando a redução desses recursos. Dispõe-se cada vez menos de energia utilizável, num processo irreversível. Recursos naturais de alto valor são transformados em resíduos sem valor. O sistema econômico não respeita os limites ecológicos e leva ao descarte irracional dos recursos escassos da natureza. Uma sociedade assim se choca contra os limites do planeta. É impossível um crescimento infinito em um mundo com limites.

A ideia de pensar a economia no seio da ecologia foi retomada por Serge Latouche, defensor da *sociedade do decrescimento*.[10] Para mudar o conceito de consumo, Latouche propõe os R: *reavaliar, reconceitualizar, reestruturar, redistribuir, relocalizar, reduzir o consumo, reutilizar, reciclar*. Uma ge-

---

[10] LATOUCHE, Serge. *Pequeno Tratado del decrecimiento sereno*. Barcelona: Icaria, 2009.

ração consumista que degrada o meio ambiente comete uma injustiça intergeracional com as gerações futuras.

A alternativa contra a destruição da vida no planeta está no abandono da ideia do crescimento pelo crescimento dinamizado pelo acúmulo do capital. A felicidade pode ser atingida com menos consumo. O decrescimento se assemelha à simplicidade voluntária, vivenciado por iniciativas de movimentos de *desconsumo* e na filosofia do *bem viver* dos povos andinos. O conceito do bem viver nas línguas desses povos soa como *Sumak Kawsay* (quéchua), *Suma Qamaña* (aimará), *Teko Porã* (guarani). O conceito significa uma convivência comunitária intercultural e sem assimetrias de poder e em harmonia com a natureza.

As culturas indígenas são inspiradoras de uma ecologia integral. Um dos seus grandes ensinamentos é o da convivência com a *Mãe Terra*. "Para alguns, vocês são considerados um obstáculo ou um estorvo. Na verdade, vocês, com suas vidas, são um grito à consciência de um estilo de vida que não consegue dimensionar seus próprios custos".[11] A cultura do bem viver faz parte do amplo contexto de preservação da vida no planeta. A terra é mais do que simplesmente o lugar onde se habita. Ela é sagrada, geradora de

---

[11] Encontro com o povo da Amazônia – Puerto Maldonado, 15-22/1/2018. <http://w2.vatican.va/content/francesco/it/speeches/2018/january/documents/papa-francesco_20180119_peru-puertomaldonado-popoliamazzonia.html>. Acesso em: 22/08/2018.

vida. O bem viver pode mudar nossa maneira de pensar, de interagir com a natureza e, também, nossas relações humanas. É um protesto contra o capitalismo que impõe o viver melhor através do consumo, do desperdício e da ostentação.

O crescimento cria uma sensação de bem-estar consideravelmente ilusória. A miopia com que o modelo atual de crescimento analisa a realidade, e como consegue essa visão economicista e tecnicista da realidade, une a técnica à ideia de progresso e nos convencer de que isso é bom. "Estamos todos submetidos às normas do paradigma eficientista da tecnocracia" (LS, 148). A insustentabilidade tornou-se um modo de vida. O decrescimento exige sair do imaginário dominante da economia capitalista. Decrescimento não é crescimento negativo nem crescimento zero. Como afirma o papa, é uma reconfiguração do modelo a partir do cuidado da casa comum e da justiça social. Isso significa uma mudança radical de civilização. Trata-se de sair do capitalismo.

Os países pobres necessitam desenvolver-se economicamente para responder às necessidades básicas de sua população vulnerável. Porém, esse objetivo é legítimo e moral para os países ricos? Nos países ricos há para todos. Pode-se alcançar prosperidade sem crescimento, para que os países pobres possam ter prosperidade com crescimento. Setores da economia que estão na base da insustentabilidade, como as indústrias de automóveis, construção, aviação, militar, podem reduzir sua atividade, enquanto se proporcionem atividades econômicas que respondam às necessidades sociais essenciais. O decrescimento pode libertar-nos da vontade de explorar a natureza de forma irracional e descontrolada.

Perante os falsos deuses do possuir, do dinheiro-riqueza (ser rico) e do ter, o pensamento social cristão propõe uma existência austera, sóbria e evangélica em solidariedade com as lutas dos pobres pela justiça. Os valores e o estilo de vida dos pobres, sua solidariedade, sua criatividade, sua sobriedade, sua capacidade de celebração e esperança, são necessários para a mudança de que o mundo tanto necessita.

CENTRALIDADE DO TRABALHO

1. Uma dura realidade: exploração dos trabalhadores e violação dos seus direitos

Papa Francisco vem chamando a atenção para a realidade do mundo do trabalho.[1] Quer recolocar a realidade dos trabalhadores na vida da Igreja. Pio XI afirmou que o maior escândalo do século XIX foi a Igreja ter perdido a classe operária. Francisco não quer que esse escândalo volte a repetir-se no século XXI. Quando o trabalhador perde direitos, é como se também a Igreja estivesse perdendo. Uma Igreja que sofre com os sofrimentos do povo.

A exploração do trabalho é um dos pilares do capitalismo. O desemprego, a informalidade e a falta de direitos trabalhistas são o resultado de uma prévia opção social, de um sistema econômico que coloca os lucros acima do homem. Não pode haver terra, não pode haver teto, não pode haver trabalho se não temos paz e se destruímos o planeta.[2]

---

[1] Para saber mais sobre o trabalho na DSI: GASDA, Élio. *Trabalho e capitalismo global: atualidade da Doutrina Social da Igreja*. São Paulo: Paulinas, 2011.
[2] I Encontro Mundial de Movimentos Populares, 29/10/2014. <https://w2.vatican.va/content/francesco/pt/speeches/2014/october/documents/papa-francesco_20141028_incontro-mondiale-movimenti-popolari.html>. Acesso em: 15/08/2018. Em continuação: I Encontro.

A exploração do trabalho é uma das causas principais da desigualdade e da exclusão social. "Não existe pior pobreza material" – urge enfatizar isto – "do que a que não permite ganhar o pão e priva da dignidade do trabalho".[3]

A DSI não é contra o mercado. Ela o critica quando não gera trabalho e não reduz as desigualdades. Mercados são interesses agregados do complexo financeiro-empresarial que exercem o poder de fato sobre governos e instituições internacionais. A liberdade desses interesses avançou sobre a política. Objetivos de justiça social e garantia de direitos, próprios do Estado democrático, estão desaparecendo.

> Não podemos mais confiar nas forças cegas e na mão invisível do mercado. O crescimento equitativo exige algo mais do que o crescimento econômico, embora o pressuponha; requer decisões, programas, mecanismos e processos especificamente orientados para uma melhor distribuição das entradas, para a criação de oportunidades de trabalho, para uma promoção integral dos pobres que supere o mero assistencialismo. A economia não pode mais recorrer a remédios que são um novo veneno, como quando pretende aumentar a rentabilidade reduzindo o mercado de trabalho e criando assim novos excluídos (EG, 204).

2. Trabalho e ecologia integral

Vários parágrafos da LS estão dedicados ao trabalho. Papa Francisco explica que "uma *ecologia integral* exige que

---
[3] I Encontro.

se leve em conta o valor subjetivo do trabalho aliado ao esforço de se prover acesso ao trabalho estável e digno para todos" (LS, 191). A *ecologia integral* envolve dois aspectos: a dignidade do trabalhador e o cuidado com o meio ambiente. "O *trabalho sustentável* passa por garantir acesso universal ao *trabalho decente* e ao fomento da saúde" (LS, 13). Da relação entre natureza, trabalho e capital depende o futuro da espécie humana. O mundo do trabalho é parte da solução da crise socioambiental. A ecologia integral articula trabalho decente e justiça social.

Em qualquer abordagem de ecologia integral, é indispensável incluir o valor do trabalho. Deus colocou o ser humano no jardim recém-criado (cf. Gn 2,15), não só para cuidar do existente (guardar), mas também para trabalhar nele a fim de que produzisse frutos (cultivar) (LS, 124).

Qual o sentido e finalidade da ação humana sobre a realidade? Qualquer forma de trabalho pressupõe uma concepção sobre a relação que o ser humano pode estabelecer com o outro diverso de si mesmo (LS, 125). Porém, quando no ser humano se deteriora a capacidade de contemplar e respeitar, criam-se as condições para se desfigurar o sentido do trabalho. No trabalho estão em jogo muitas dimensões da vida: criatividade, projeção do futuro, desenvolvimento das capacidades, prática dos valores, relações humanas, espiritualidade (LS, 127).

A orientação da economia favorece um tipo de progresso tecnológico que reduz os custos de produção diminuindo empregos. Essa estratégia tem impactos negativos, pois corrói o "capital social". Os custos humanos são sempre também custos econômicos. O progresso tecnológico não deveria substituir o trabalho humano. Isso prejudica a humanidade. O trabalho faz parte do sentido da vida e é caminho de realização pessoal. O verdadeiro objetivo deveria ser garantir aos pobres uma vida digna através do trabalho (LS, 128). Para se conseguir continuar a gerar emprego, é indispensável promover uma economia que favoreça a diversificação produtiva e a criatividade empresarial, como, por exemplo, a variedade de sistemas alimentares rurais de pequena escala (agricultura familiar). As economias de larga escala, especialmente no setor agrícola, obrigam os pequenos agricultores a vender as suas terras ou a abandonar as suas culturas tradicionais (LS, 129).

3. O mundo do trabalho é o mundo do povo de Deus

Uma das marcas deste pontificado é seu contato constante com o mundo do trabalho. Em seu "Discurso aos trabalhadores de Gênova",[4] Francisco destaca os seguintes aspectos do trabalho:

---

[4] <http://w2.vatican.va/content/francesco/it/speeches/2017/may/documents/papa-francesco_20170527_ospedale-gaslini-genova.html>. Acesso em: 15/08/2018.

– O trabalho está em risco. É um sistema em que o trabalho não é considerado com a dignidade que tem e que confere. Minha premissa é que o mundo do trabalho é uma prioridade humana. Portanto, é uma prioridade cristã, uma prioridade do papa. Sempre existiu uma relação de amizade entre a Igreja e o trabalho, a partir de Jesus trabalhador. Onde há um trabalhador, ali há o interesse e o olhar de amor do Senhor e da Igreja. O mundo do trabalho é o mundo do povo de Deus: O local de trabalho e de trabalhadores são lugares do povo de Deus. Os diálogos nos locais de trabalho não são menos importantes do que os diálogos que fazemos nas paróquias ou nos imponentes salões de conferências. Os lugares da Igreja são os lugares da vida, e aqui se incluem também praças e fábricas. Muitos dos encontros entre Deus e os homens, de que tratam a Bíblia e os Evangelhos, ocorreram enquanto as pessoas estavam trabalhando: Moisés ouve a voz de Deus que o chama e revela seu nome enquanto cuidava do rebanho; os primeiros discípulos de Jesus eram pescadores, e são chamados por ele enquanto trabalham na beira do lago.

– O trabalho não é apenas um meio de garantir a sobrevivência, mas é uma parte essencial da existência. Porém, ao perder suas dimensões mais humanas, tornou-se um simples custo de produção. Por isso os direitos dos trabalhadores são cortados: para favorecer as finanças. A falta de trabalho é muito mais do que apenas faltar uma fonte de renda para poder viver. O trabalho é isso também, mas é muito, muito mais. Ao trabalhar nos tornamos mais pessoa, a nossa humanidade floresce, os jovens se tornam adultos apenas trabalhando. A DSI sempre considerou o trabalho humano como uma participação na criação que continua a cada dia, também graças às mãos, à mente e ao coração dos trabalhadores. Homens e mulheres nutrem-se de trabalho: com o trabalho estão "ungidos de dignidade". Por essa razão, ao redor do trabalho edifica-se todo o pacto social. Este é o cerne do problema. Porque quando não se trabalha, ou se trabalha mal, se trabalha pouco ou muito, é a democracia que está em crise, é todo o pacto social.

Devemos olhar sem medo para a Quarta Revolução Industrial ou Indústria 4.0.[5] É preciso olhar com responsa-

---

[5] A Quarta Revolução Industrial foi tratada no Fórum Econômico Mundial de Davos, em 2016. A "Indústria 4.0" se concentra nos novos produtos e processos derivados dos avanços ocorridos na fronteira da ciência que possuem aplicação em praticamente todas as áreas do conhecimento, como a Química, a Física, a Biologia, a Medicina, a Engenharia, a Computação. A palavra *revolução* denota mudanças radicais, como aquelas geradas pela invenção da agricultura ou do motor a vapor. Atualmente há ondas vindo de vários lugares e simultaneamente: nanotecnologia, energia renovável, engenharia genética, computação quântica etc. São três os elementos propulsores: *fatores físicos, digitais* e *biotecnológicos*. No âmbito internacional, a Indústria 4.0 está produzindo uma nova divisão do trabalho. Alguns países serão mais capazes do que outros no tocante ao desenvolvimento de setores intensivos em tecnologia de ponta, capazes de gerar mais renda e melhores empregos. Aqueles de maior qualificação encontrarão oportunidades de maiores salários e maior estabilidade, enquanto os demais não encontrarão trabalho. As desigualdades entre países e entre grupos sociais tendem a se reproduzir. Os ricos se tornarão mais ricos e os pobres se tornarão mais pobres.

bilidade para as transformações tecnológicas da economia e da vida sem resignar-nos à ideologia que está ganhando terreno em todos os lugares, que imagina um mundo onde apenas metade ou talvez dois terços dos trabalhadores terão emprego e os demais serão mantidos por um subsídio social. O verdadeiro objetivo a ser alcançado não é uma "renda para todos", mas um "trabalho para todos"! Porque sem emprego, sem trabalho para todos, não haverá dignidade para todos. O trabalho de hoje será diferente do de amanhã, talvez muito diferente – basta pensar na revolução industrial, quando houve uma mudança; aqui também haverá uma revolução –, e será também diferente do trabalho de ontem, mas deverá ser um trabalho, não uma aposentadoria, não aposentados, mas trabalhadores. A escolha é entre sobreviver e viver.

Quem perde o emprego e não consegue encontrar outro bom trabalho, sente que perde a dignidade, como perde a dignidade aquele que é forçado pela necessidade a aceitar empregos ruins e errados. Nem todos os trabalhos são bons: ainda há muitos empregos ruins e sem dignidade, no tráfico ilegal de armas, na pornografia, no jogo de azar e em todas as empresas que não respeitam os direitos dos trabalhadores ou da natureza. Assim como é ruim o trabalho daquele que recebe muito para que não tenha horário, limites, fronteiras entre trabalho e vida porque o trabalho torna-se toda a vida.

Um paradoxo da nossa sociedade é a presença de uma porção crescente de pessoas que gostariam de trabalhar e não conseguem, e outra que trabalham muito, que gostariam de trabalhar menos, mas não podem porque foram "compradas" pelas empresas.

Trabalho e consumo: todas as idolatrias são experiências de puro consumo: os ídolos não trabalham. O trabalho é como o parto: há dores para que depois seja gerada alegria pelo que foi produzido em conjunto. Sem reencontrar uma cultura que valorize o esforço e o suor, nós não encontraremos uma nova relação com o trabalho e vamos continuar a sonhar com o consumo de puro prazer. O trabalho é o centro de todo pacto social: não é um meio para poder consumir, não. É o centro de todo pacto social. Entre trabalho e consumo há tantas coisas, todas importantes e belas, que se chamam dignidade, respeito, honra, liberdade, direitos, direitos de todos, das mulheres, dos meninos, das meninas, dos idosos. Se vendermos o trabalho ao consumo, com o trabalho logo venderemos junto todas estas palavras-irmãs: dignidade, respeito, honra, liberdade. Não podemos permiti-lo, e precisamos continuar a procurar trabalho, a gerar trabalho, a estimá-lo e amá-lo. Devemos até orar por ele: muitas das mais belas orações de nossos pais e avós eram orações de trabalho, aprendidas e recitadas antes, depois e durante o trabalho.

Trabalho e festa: o trabalho torna-se "trabalho-irmão" quando ao lado dele existe o tempo do não trabalho, o tempo da festa. Os escravos não têm tempo livre: sem o tempo da festa, o trabalho volta a ser escravista, mesmo que bem pago; e, para poder fazer festa, é preciso trabalhar. Nas famílias onde há desempregados, nunca é realmente domingo e as festas, por vezes, tornam-se dias de tristeza porque não há trabalho na segunda-feira. Para celebrar a festa, é necessário celebrar o trabalho. Um marca o tempo e o ritmo do outro. Eles andam juntos.

O trabalho é amigo da oração: está presente todos os dias na Eucaristia, cujos dons são o fruto da terra e do trabalho do homem. Um mundo que não conhece mais os valores e o valor do trabalho, não entende mais também a Eucaristia, a verdadeira e humilde oração das trabalhadoras e dos trabalhadores. Os campos, o mar, as fábricas têm sido sempre "altares" a partir das quais se ergueram belas e puras orações, que Deus recebeu e acolheu. Orações proferidas e recitadas por quem sabia e queria rezar, mas também orações ditas com as mãos, com o suor, com o esforço do trabalho de quem não sabia rezar com a boca. Vem, Espírito Santo, pai dos pobres, Pai dos trabalhadores e das trabalhadoras, doador da divina graça, e luz dos corações.

Responsabilidade do empresário: o empresário é uma figura-chave de toda boa economia: não há boa economia sem um bom empresário capaz de criar trabalho e produtos.

O verdadeiro empresário conhece os seus trabalhadores, porque trabalha ao lado deles, trabalha com eles. Não esqueçamos que o empresário deve ser, em primeiro lugar, um trabalhador. Sem essa experiência da dignidade do trabalho, não será um bom empresário. Ele compartilha os esforços dos trabalhadores e, também, suas alegrias de resolver os problemas em conjunto. Demitir alguém é sempre uma escolha dolorosa, e ele não a faria se pudesse. Nenhum bom empresário gosta de despedir trabalhadores. Faz o possível para evitar tomar essa decisão.

Uma doença da economia é a progressiva transformação dos empresários em especuladores. O empresário não deve ser confundido com o especulador: são dois tipos diferentes. O especulador é uma figura similar à que Jesus chama de "mercenário", em contraposição ao Bom Pastor. O especulador não ama a sua empresa, não gosta dos trabalhadores. Enxerga a empresa e os trabalhadores apenas como um meio para conseguir lucro. Despedir, fechar, transferir a empresa não é nenhum problema, porque o especulador usa, explora, "devora" pessoas e meios para suas metas de lucro.

Quando a economia é ocupada por bons empresários, as empresas são amigas das pessoas e também dos pobres. Quando passa para as mãos dos especuladores, tudo fica arruinado. Com o especulador, a economia perdeu o rosto e deixou de enxergar os rostos. É uma economia sem rostos, abstrata. Por trás das decisões do especulador não existem pessoas e, portanto, não se enxergam aquelas que serão despedidas e cortadas. Quando a economia perde o contato com os rostos de pessoas reais, torna-se uma economia sem rosto e, portanto, uma economia cruel.

Temam os especuladores, não os empresários. Há empresários muitos bons. Algumas vezes o sistema político parece encorajar aqueles que especulam sobre o trabalho e não quem investe no trabalho. Por quê? Porque isso cria burocracia e controles, tendo por pressuposto que os atores da economia são todos especuladores. Assim, aqueles que não o são, ficam em desvantagem. Os regulamentos e as leis pensadas para os desonestos acabam penalizando os honestos. Há tantos empresários honestos que amam seus trabalhadores, que amam a empresa, e que são os mais desfavorecidos por políticas que dão prioridade os especuladores.

Existem empresários que investem em sua empresa todas as suas energias e todo o seu capital para retirar muitas vezes lucros mais modestos do que poderiam obter com outros meios. Tenham cuidado vocês, empresários, e também vocês, trabalhadores, com os especuladores. E ainda com as leis que favorecem os especuladores. No final de tudo, eles deixam as pessoas sem trabalho.

Os valores do trabalho estão mudando muito rapidamente, e muitos desses novos valores das grandes empresas e das grandes finanças não estão alinhados com a dimensão humana. A ênfase sobre a competição dentro da empresa, além de ser um erro antropológico e cristão, é também um erro econômico, porque se esquece de que a empresa é em primeiro lugar cooperação, assistência mútua e reciprocidade.

A meritocracia é, na verdade, um desvalor. Fascina porque usa uma bela palavra: "mérito". Mas a usa de uma forma ideológica e distorce seu significado. A meritocracia se tornou uma legitimação da ética da desigualdade. O novo capitalismo interpreta os talentos das pessoas não como um dom; é um mérito determinando um sistema de vantagens e desvantagens acumulativas. Outra consequência da "meritocracia" é a mudança da cultura da pobreza. O pobre é considerado um desmerecedor e, logo, culpado por sua situação. Os ricos estão exonerados de ter que tomar alguma atitude. A meritocracia é contra o Evangelho.

4. Solidariedade

Solidariedade é uma palavra que incomoda o sistema. "Quantas palavras se tornaram molestas para este sistema! Molesta que se fale de ética, molesta que se fale de solidariedade mundial, molesta que se fale de distribuição dos bens, molesta que se fale de defender os postos de trabalho" (EG, 203).

Os direitos trabalhistas nasceram das lutas solidárias do povo. Estão fundamentados na Doutrina Social da Igreja: "O amor pelos pobres está no centro do Evangelho. Terra, teto e trabalho – isso pelo qual vocês lutam – são direitos sagrados. Reivindicar isso é Doutrina Social da Igreja".[6]

Para Francisco, a

> solidariedade é uma reação espontânea de quem reconhece a função social da propriedade e o destino universal dos bens como realidades anteriores à propriedade privada. A solidariedade deve ser vivida como a decisão de devolver ao pobre o que lhe corresponde. Estas convicções e práticas de solidariedade abrem caminho a outras transformações estruturais e tornam-nas possíveis (EG, 189).

Nos três Encontros com os Movimentos Populares, Francisco salientou as expressões concretas de solidariedade.

Primeiro encontro: solidariedade é pensar e agir em termos de comunidade, de prioridade de vida de todos sobre a apropriação dos bens por parte de alguns. É lutar contra as causas estruturais da pobreza, da desigualdade, da falta de trabalho, de terra e de moradia, e também contra a negação dos direitos sociais e trabalhistas. É enfrentar os destrutivos efeitos do império do dinheiro: deslocamentos forçados, migrações dolorosas, tráfico de pessoas, droga, guerra,

---

[6] I Encontro.

violência. A solidariedade, entendida em seu sentido mais profundo, é um modo de fazer história.

Uma economia social e cooperativa em que pessoas, trabalhadores e povos com os pobres lideram e coadministram a vida, a marcha e o destino dos processos sociais, econômicos, trabalhistas e empresariais. Com a socialização e copropriedade dos meios de produção, da empresa ou de outras instituições econômicas que são energizadas e apropriadas de maneira pessoal, comunitária pelos trabalhadores, pela sociedade civil e pelos povos.

"Vocês, trabalhadores excluídos, sobrantes para esse sistema, foram inventando o seu próprio trabalho com tudo aquilo que parecia não poder dar mais de si mesmo..., mas vocês, com a sua solidariedade, com o seu trabalho comunitário, com a sua economia popular, conseguiram e estão conseguindo... Papeleiros, recicladores, vendedores ambulantes, costureiros, artesãos, pescadores, camponeses, construtores, mineiros, operários de empresas recuperadas, todos os tipos de cooperativados e trabalhadores de ofícios populares... Essas experiências de solidariedade que crescem a partir de baixo, a partir do subsolo do planeta, confluam, estejam mais coordenadas, vão se encontrando."

Segundo encontro: "Sois poetas sociais: criadores de trabalho, construtores de casas, produtores de alimentos, sobretudo para os descartados pelo mercado global. Trabalhadores, unidos em cooperativas e outras formas de organização comunitária, conseguiram criar trabalho onde só havia sobras da economia idólatra. As empresas recuperadas, as feiras francas e as cooperativas de catadores de papelão são exemplos desta economia popular que surge da exclusão e que pouco a pouco, com esforço e paciência, adota formas solidárias que a dignificam. Quando Estado e organizações sociais assumem, juntos, a missão dos '3 T', ativam-se os princípios de solidariedade e subsidiariedade que permitem construir o bem comum numa democracia plena e participativa".

Terceiro encontro: "Peço-lhes para exercerem aquela solidariedade tão especial que existe entre aqueles que sofrem. Vocês sabem recuperar fábricas falidas, reciclar aquilo que outros jogam fora, criar postos de trabalho, cultivar a terra, construir casas, integrar bairros segregados e reclamar como essa viúva do Evangelho que pede justiça insistentemente (Lc 18,1-8). Trata-se de crescer desde baixo, em uma vida austera e solidária, alicerçada no trabalho digno, em oposição ao capital".

POLÍTICA

1. Crise na política

Qual a função da política? A política parece viver seu ocaso. O poder econômico desestabilizou o Estado. Nenhuma medida social é tomada sem consultar o mercado. As instituições não estão organizadas em função do bem comum. Há uma corrosão da dimensão pública. O capital financeiro tem o poder de governos, e governos poderosos apoiam o grande capital. Os neoliberais enunciam que só há uma política possível: as "leis do mercado".

Política sem povo. O sistema de representação política indireta está obsoleto. Uma sociedade pode ser chamada de democrática quando todos os indivíduos são tratados com dignidade. Qualquer retrocesso na democracia traz consequências terríveis aos direitos humanos, econômicos e sociais. O desrespeito à soberania popular feriu de morte a democracia em vários países do mundo. Os políticos não estão à altura dos desafios sociais, ambientais e econômicos, eles vêm perdendo espaço na governança global. Estruturas políticas corrompidas e desprestigiadas, limitadas às decisões meramente territoriais.

Nesse contexto, Papa Francisco vem se tornando autoridade respeitada internacionalmente, por todos, católicos e não católicos. O papa do "fim do mundo" está propondo bases éticas para relações políticas baseadas na justiça social e no diálogo, na construção de pontes e não de muros. Essa é sua "doutrina diplomática". Derrubar muros ideológicos, religiosos e étnicos, para construir pontes de diálogo. Com esse pensamento, e no espírito de uma "Igreja em saída", Francisco inaugura uma nova geopolítica do Vaticano. Estende o convite, propõe uma Igreja missionária capaz de conhecer as periferias geográficas e existenciais do mundo e da humanidade (EG, 26-27).

Sua geopolítica está marcada por aproximar EUA e Cuba durante os governos de Barack Obama e Raul Castro. As "pontes" de Francisco levam a processos de reaproximação, tal como está acontecendo com a Rússia e a China. Marcelo Sánchez Sorondo, atual chanceler da Pontifícia Academia das Ciências do Vaticano, depois de uma viagem a Pequim, disse: "Há muitos pontos de encontro entre a China e o Vaticano. Pequim está defendendo a dignidade da pessoa, seguindo, mais do que os outros países, a encíclica *Laudato si'*. A "diplomacia da misericórdia" aproxima Bergoglio de países da América Latina e do Caribe, da Ásia e do Oriente e o distancia de líderes insensíveis às questões sociais, aos imigrantes e trabalhadores.

Desigualdade, consumismo e injustiça social. A causa da pobreza no mundo é estrutural. Os efeitos da injustiça social, em uma leitura política, são dois: desigualdade e consumismo. "A cultura do bem-estar anestesia-nos. Perdermos a serenidade se o mercado oferece algo que ainda não compramos, enquanto todas estas vidas ceifadas por falta de possibilidades nos parecem um mero espetáculo que não nos incomoda de forma alguma" (EG, 54).

O princípio da unidade na diferença deveria orientar a política. Ver o princípio como unidade muda a visão e a forma de fazer política. O princípio unificador da política, na visão de Francisco, é a primazia dos pobres, dos últimos da sociedade, os sem poder. A opção pelos pobres é uma categoria política. "Eles têm muito para nos ensinar. Somos chamados a descobrir Cristo neles" (EG, 198). Seja quando fala aos movimentos populares, aos líderes religiosos ou chefes de Estado, a mensagem do papa é a mesma: caminhar juntos a partir da centralidade da preocupação com os mais pobres. "Isso exige uma verdadeira política, em que os direitos sociais, os direitos humanos e o bem comum sejam os eixos estruturantes e não meros apêndices para adornar os discursos políticos" (EG, 203).

Francisco não está preocupado com as contraposições políticas entre católicos, socialistas e liberais, sua questão é quem está do lado dos pobres. Sabemos que enquanto não se resolverem radicalmente os problemas dos pobres, renunciando à autonomia absoluta dos mercados e da especulação financeira e atacando as causas estruturais da iniquidade, não se resolverão os problemas do mundo e, definitivamente, nenhum problema. A iniquidade é a raiz dos males sociais (EG, 202).

O papa que quer justiça social, não é um marxista inimigo do mercado global, mas um crítico feroz do sistema de exclusão e de uma economia que mata. É grave a responsabilidade da política internacional e local diante da crise social e ambiental (LS, 16). As mudanças climáticas são um problema global com graves implicações ambientais, sociais, econômicas, distributivas e políticas, constituindo atualmente um dos principais desafios para os responsáveis pelos rumos da humanidade (LS, 25). Então, como explicar a passividade e a ausência das autoridades políticas diante de uma das mais preocupantes crises socioambientais da história contemporânea? Francisco aponta seis razões:

– Muitos que detêm recursos e poder econômico e político parecem concentrar-se, sobretudo, em mascarar os problemas ou ocultar os seus sintomas, procurando apenas reduzir alguns impactos negativos de mudanças climáticas (LS, 26).

– A subordinação da política à tecnologia e à finança demonstra-se na falência das cúpulas mundiais da ONU sobre o meio ambiente. Há demasiados interesses particulares e, com muita facilidade, o interesse econômico chega a prevalecer sobre o bem comum e manipular a informação para não ver afetados os seus projetos (LS, 54).

– A política deveria dedicar maior atenção para prevenir e resolver as causas que podem dar origem a novos conflitos. Entretanto, o poder, ligado com a finança, é o que maior resistência põe a tal esforço, e os projetos políticos carecem muitas vezes de amplitude de horizonte (LS, 57).

– A política não acompanha os avanços acelerados da economia. Na comunidade internacional, a política e a indústria reagem com lentidão, longe de estar à altura dos desafios mundiais (LS, 165).

– O paradigma tecnocrático tende a exercer o seu domínio também sobre a economia e a política (LS 109).

– Proclama-se a liberdade econômica, enquanto as condições reais impedem que muitos possam efetivamente ter acesso a ela, e, ao mesmo tempo, se reduz o acesso ao trabalho, o que se torna um discurso contraditório que desonra a política (LS, 129).

2. Apelos de Francisco

A pessoa humana é o fundamento e o fim da política. Nossas relações são pensadas como políticas. A dignidade de cada pessoa humana e o bem comum são questões que deveriam estruturar toda a política, mas, às vezes, parecem somente apêndices adicionados de fora para completar um discurso político sem perspectivas nem programas de verdadeiro desenvolvimento integral (EG, 203). É preciso revigorar a consciência de que somos uma única família humana. "Não há fronteiras nem barreiras políticas ou sociais que permitam isolar-nos e, por isso mesmo, também não há espaço para a globalização da indiferença" (LS, 52).

Diante de uma democracia em crise, é preciso recuperar seu princípio pétreo: o sujeito da autoridade política é o povo considerado na sua totalidade como detentor da soberania. O povo deveria ser a principal referência dos agentes políticos, não o mercado.

Como acreditar nas possibilidades de mudança política?

A mudança depende muito das escolhas políticas de cada cidadão. Todos os povos são chamados a promover uma cultura do encontro e do bem viver.

> Em cada nação, os habitantes desenvolvem a dimensão social da sua vida, configurando-se como cidadãos responsáveis dentro de um povo e não como massa arrastada pelas forças dominantes. Lembremo-nos de que ser cidadão fiel é uma virtude, e a participação na vida política é uma obrigação moral. Mas tornar-se um povo é algo mais, exigindo um processo constante no qual cada nova geração está envolvida. É um trabalho lento e árduo que exige querer integrar-se e aprender a fazê-lo até se desenvolver uma cultura do encontro numa harmonia plural (EG, 220).

O discurso do papa é profético, mas também propositivo. "Pensando no bem comum, precisamos imperiosamente que a política e a economia, em diálogo, se coloquem decididamente ao serviço da vida, especialmente da vida humana" (LS, 189). Caso contrário, conquistas democráticas serão destruídas e anseios populares desprezados. É urgente "que cresça o número de políticos capazes de entrar num autêntico diálogo que vise sanar as raízes profundas e não a aparência dos males do mundo" (EG, 205).

Dar prioridade ao tempo, não à busca do poder. Investir tempo em começar novos processos políticos, trabalhar em longo prazo, valorizando o tempo mais que espaços de poder (EG, 222-225), sem obsessão por resultados imediatos. Suportar com paciência as situações difíceis em tempos obscuros. Privilegiar ações que geram novos dinamismos na sociedade e comprometem outras pessoas e grupos no compromisso político.

Manter a liberdade diante de ideologias e projetos político-partidários. Em sentido negativo, as ideologias trazem a tendência de absolutizar as aspirações que defendem. Muitos vivem dentro dos limites de uma ideologia sem tomar consciência disso. A DSI tem um duplo papel: iluminar os espíritos para ajudá-los a discernir entre as diversas doutrinas; ajudar o cristão a viver a política concebida como serviço ao bem comum e aos pobres. "A Igreja não pretende definir as questões científicas nem se substituir à política, mas convido a um debate honesto e transparente, para que as necessidades particulares ou as ideologias não lesem o bem comum" (LS, 188). A esperança é face cristã da utopia política. Ela ultrapassa o horizonte da história e das ideologias.

Francisco parte de dois elementos centrais para a ação política: a realidade social e o Evangelho. Sua atitude está na origem da afirmação: "A realidade é mais importante que a ideia. Entre as duas deve estabelecer-se um diálogo constante" (EG, 231). Combater a realidade da fome, do desemprego, da concentração de renda, do racismo, da violência, da miséria, da xenofobia, da exploração do trabalhador, deveria ocupar o centro das preocupações. Aos movimentos sociais afirmou: "Este encontro não corresponde a uma ideologia. Vocês não trabalham com ideias, mas com a realidade. Tendes os pés na lama e mãos na carne. O vosso cheiro é de periferia, de luta do povo".[7]

Agir na política a partir da realidade (EG, 232). Os conceitos estão a serviço da compreensão da realidade e da sua intervenção transformadora. Caso contrário, pode-se cair em idealismos e ideologias ineficazes. O que compromete é a realidade. Há políticos que se interrogam por que motivo o povo não os compreende nem segue, se as suas propostas são tão lógicas. Possivelmente é porque se insta-

---

[7] I Encontro.

laram no reino das puras ideias e reduziram a política ou a fé à retórica. Outros esqueceram a simplicidade e importaram de fora uma racionalidade alheia aos pobres.

Política do poliedro (EG, 236). Esse modelo reflete a confluência de todas as partes que nele mantêm a sua originalidade.

> A ação política procura reunir nesse poliedro o melhor de cada um: os pobres com sua cultura, seus projetos e potencialidades. Todos podem ter algo a contribuir. É a união dos povos, que, na ordem universal, conservam a sua própria peculiaridade. É a totalidade das pessoas numa sociedade que procura um bem comum que verdadeiramente incorpore a todos.

A justiça é dever central da política. Um Estado, que não se orienta pela justiça, é comparável à um grande bando de ladrões (Santo Agostinho). A primeira finalidade das instituições políticas é a concretização de uma ordem social justa. Em discurso, na visita à Organização das Nações Unidas, o Papa Francisco reforçou esse entendimento da DSI.

> A definição clássica de justiça contém como elemento essencial uma vontade constante e perpétua: *Iustitia est constans et perpetua voluntas ius suum cuique tribuendi*. O mundo pede vivamente a todos os governantes uma vontade efetiva, prática, constante, feita de passos concretos e medidas imediatas, para preservar e melhorar o ambiente natural e superar o mais rapidamente possível o fenômeno da exclusão social e econômica, com suas tristes consequências de tráfico de seres huma-

nos, tráfico de órgãos e tecidos humanos, exploração sexual de meninos e meninas, trabalho escravo, incluindo a prostituição, o tráfico de drogas e de armas, o terrorismo e a criminalidade internacional organizada. Devemos ter cuidado com as nossas instituições para que sejam realmente eficazes na luta contra estes flagelos. É preciso não perder de vista, em momento algum, que a ação política e econômica só é eficaz quando é concebida como uma atividade prudencial, guiada por um conceito perene de justiça e que tem sempre presente que, antes e para além de planos e programas, existem mulheres e homens concretos, iguais aos governantes, que vivem, lutam e sofrem e que muitas vezes se veem obrigados a viver miseravelmente, privados de qualquer direito.[8]

O Evangelho ensina que a medida intrínseca de toda a política é que a justiça e o direito do pobre sejam garantidos. As desigualdades sociais e econômicas são uma realidade política que interpela a consciência cristã.[9] "Embora a justa ordem da sociedade e do Estado seja dever central da política, a Igreja não pode nem deve ficar à margem na luta pela justiça" (EG, 183).

3. Perfil do Estado

O fundamento do Estado é a pessoa humana considerada como um ser social, e não apenas como portadora

---

[8] <http://w2.vatican.va/content/francesco/pt/speeches/2015/september/documents/papa-francesco_20150925_onu-visita.html>.

[9] GASDA, Élio. *Política, Cristianismo e laicidade*. Perspectiva Teológica, Belo Horizonte, v. 47, n. 132, p. 203-220, 2015.

de direitos individuais. Reforçar o papel do Estado como provedor dos pactos e consensos social é opor-se à autonomia absoluta do livre mercado e à especulação financeira. Os neoliberais criticam qualquer controle do Estado sobre setores da economia.

A justa ordem da sociedade e do Estado é dever central da política. O bem comum é um dos fios condutores. O Estado é responsável direto pelo bem comum. "A dignidade de cada pessoa humana e o bem comum são questões que deveriam estruturar toda política econômica" (EG, 203). O bem comum exige respeito aos direitos humanos fundamentais para garantir a promoção da paz social (LS, 157). Num contexto mundial de tantas desigualdades sociais e pessoas descartadas, a opção preferencial pelos pobres é essencial para a efetiva realização do bem comum (LS, 158).

O bem comum não considera a pessoa tomada em sua singularidade, mas enquanto relação com outras pessoas: Todos têm o direito de fruir das condições de vida social criadas pelos resultados da consecução do bem comum. A terra que recebemos pertence também àqueles que hão de vir (LS, 159). "Que tipo de mundo deixaremos às crianças que estão crescendo? A nossa própria dignidade está em jogo. Somos nós os primeiros interessados em oferecer um planeta habitável para a humanidade que nos vai suceder" (LS, 160). O princípio do bem comum se opõe à lógica egoísta da acumulação ilimitada da riqueza do neoliberalismo. Práticas políticas e econômicas separadas da ética do bem comum contradizem radicalmente a visão cristã do mundo e da sociedade. O cristão jamais pode apoiar modelos de Estado e sistemas de governo que se opõem ao bem comum.

O protagonismo do Estado na economia visa resistir à ditadura do dinheiro (EG, 55). Uma economia com rosto humano necessita de uma articulação política nova, que liberte o Estado do controle do mercado. Ir além do modelo de sociedade atual pressupõe uma profunda transformação das instituições públicas. Um Estado que promova relações sociais de respeito entre as pessoas e trabalhe pela justiça social. "Temos de reconhecer que nenhum dos graves problemas da humanidade pode ser resolvido sem a interação dos Estados e dos povos a nível internacional. Nenhum governo pode atuar à margem de uma responsabilidade comum."[10] O Estado é o principal responsável por garantir a coesão da sociedade em torno dos fins éticos comuns.

As exigências do bem comum são exigências da justiça social. Assim, Francisco avalia como positivos os esforços dos povos do continente latino-americano realizados na primeira década do século XXI:

---

[10] II Encontro.

Nos últimos anos, depois de tantos mal-entendidos, muitos países latino-americanos viram crescer a fraternidade entre os seus povos. Os governos da região juntaram seus esforços para fazer respeitar a sua soberania, a de cada país e a da região como um todo que, de forma muito bela como faziam os nossos antepassados, chamam a "pátria grande". Peço-vos, irmãos e irmãs dos movimentos populares, que cuidem e façam crescer esta unidade. É necessário manter a unidade contra toda a tentativa de divisão, para que a região cresça em paz e justiça.[11]

4. Protagonismo político dos pobres

A política deve fazer de todo ser humano um cidadão. A finalidade da democracia é garantir a igualdade de direitos. Somente governos democráticos governam no interesse dos governados. Existe uma opção: reinventar a política.

Os semeadores de mudança estão nas periferias do mundo.[12] Esta é uma grande novidade de Francisco: o protagonismo atribuído aos movimentos populares na política. "O futuro da humanidade não está somente nas mãos dos grandes líderes, das grandes potências e das elites. Está, sobretudo, nas mãos dos povos; na sua capacidade de organizar-se e também nas mãos que irrigam, com humildade e convicção, este processo de mudanças." Os povos do mundo querem ser artífices do seu próprio destino. Nenhum

---

[11] II Encontro.
[12] II Encontro.

poder efetivamente constituído tem direito de privar os países pobres do pleno exercício da sua soberania.[13]

Francisco não se prende aos poderes públicos ou às classes dirigentes. Acredita e incentiva as iniciativas dos trabalhadores e excluídos para construir suas próprias alternativas. "Os pobres não só padecem a injustiça, mas também lutam contra ela! Basta de passividade à espera de soluções que venham de cima."[14] Essa convicção recebeu novos matizes: "Dar exemplo e reclamar é um modo de fazer política, e isto me leva ao segundo tema que vocês debateram em vosso encontro: a relação entre povo e democracia".[15] Uma relação que deveria ser natural e fluída, mas que corre o perigo de ofuscar-se até se tornar irreconhecível. A lacuna entre os povos e as atuais formas de democracia se alargam sempre mais como consequência do enorme poder dos grupos econômicos e midiáticos que parecem dominá-las.

> Os movimentos populares não são partidos políticos e deixem que eu vos diga que, em grande parte, aqui está a vossa riqueza, porque vocês expressam uma forma diversa, dinâmica, e vital de participação social na vida pública. Não tenham medo de entrar nas grandes discussões, na Política com maiúscula, e cito de novo Paulo VI: "A política é uma maneira exigente – mas não é a única – de viver o compromisso cristão a serviço dos outros".[16]

---

[13] II Encontro.
[14] I Encontro.
[15] III Encontro.
[16] III Encontro.

Francisco alerta ainda para dois riscos que giram ao redor da relação entre os movimentos populares e a política: deixar-se formatar e deixar-se corromper. Deixar-se "formatar": Enquanto vocês se mantiverem limitados às "políticas sociais", enquanto vocês não colocarem em discussão a política econômica ou a política com letra maiúscula, vocês são tolerados. A ideia das políticas sociais concebidas como uma política em direção aos pobres, mas nunca "com" os pobres, nunca "dos" pobres e tanto menos inserida em um projeto que reúna os povos, me parece às vezes uma espécie de máscara por conter os descartes do sistema. Quando vocês ousarem colocar em discussão as "macrorrelações", quando gritarem, quando indicarem ao poder um planejamento mais integral, então não serão tolerados. Porque estão saindo do "formato", estão se colocando no terreno das grandes decisões que alguns pretendem monopolizar em pequenas castas. Vocês, organizações dos excluídos e tantas organizações de outros setores da sociedade, são chamados a revitalizar, a refundar as democracias que estão passando por uma verdadeira crise. Não caiam na tentação da limitação que os reduzem a atores secundários, ou pior, a meros administradores da miséria existente.[17]

"Deixar-se corromper". Como a política não é uma questão dos "políticos", a corrupção não é um vício exclusivo da política. À pessoa que é muito apegada às coisas ma-

---

[17] III Encontro.

teriais ou ao espelho, a quem ama o dinheiro, aos banquetes exuberantes, às casas suntuosas, às roupas refinadas, ao carro de luxo, aconselharia entender o que está acontecendo em seu coração e rezar a Deus para libertá-la desses apegos. Aquele que está afeiçoado a todas essas coisas, por favor, que não entre na política, que não entre em uma organização social ou em um movimento popular, porque causaria muito dano a si mesmo e ao próximo e mancharia a nobre causa que assumiu.

5. Compromisso do cristão

A política, tão denegrida, é uma sublime vocação, é uma das formas mais preciosas de caridade, porque busca o bem comum. A caridade é o princípio não só das microrrelações entre amigos ou na família, mas também das macrorrelações na sociedade, na economia e na política. "Estou convencido de que, a partir de uma abertura à transcendência, poder-se-ia formar uma nova mentalidade política e econômica que ajudaria a superar a dicotomia absoluta entre a economia e o bem comum social" (EG, 205).

Diante dos problemas mundiais, a visão cristã não pode ser passiva ou resignada. É "dever" do católico participar da política: "Devemos implicar-nos na política, porque a política é uma das formas mais elevadas da caridade, visto que procura o bem comum".[18]

---

[18] Encontro com Estudantes de Escolas Jesuítas da Itália e Albânia, Vaticano 07/06/2013. <http://w2.vatican.va/content/francesco/it/speeches/2013/june/documents/papa-.francesco_20130607_scuole-gesuiti.html>. Acesso em: 19/08/2018.

Em *Gaudete et exsultate*, Francisco apresenta a pessoa de Jesus como referência do agir cristão na política:

> A justiça que Jesus propõe não é como a que o mundo procura, uma justiça muitas vezes manchada por interesses mesquinhos, manipulada para um lado ou para outro. A realidade mostra-nos como é fácil entrar nas súcias da corrupção, fazer parte dessa política diária do "dou para que me deem", onde tudo é negócio. E quantas pessoas sofrem por causa das injustiças, quantos ficam assistindo, impotentes, como outros se revezam para repartir o bolo da vida. Alguns desistem de lutar pela verdadeira justiça, e optam por subir para o carro do vencedor. Isso não tem nada a ver com a fome e sede de justiça que Jesus louva (78).

Para concluir, duas preces de Francisco: "Peço a Deus que cresça o número de políticos capazes de entrar num autêntico diálogo que vise efetivamente sanar as raízes profundas e não a aparência dos males do nosso mundo" (EG, 205).

"Deus de amor... iluminai os donos do poder e do dinheiro para que não caiam no pecado da indiferença, amem o bem comum, promovam os fracos, e cuidem deste mundo que habitamos" (LS, *Oração cristã com a criação*).

SUMÁRIO

Introdução 7

Chaves de leitura 11

Economia 33

Centralidade do trabalho 61

Política 77

Impresso na gráfica da
Pia Sociedade Filhas de São Paulo
Via Raposo Tavares, km 19,145
05577-300 - São Paulo, SP - Brasil - 2018